Theravāda- Buddhismus und politisches Engagement in
Deutschland – passt das zusammen?

THERAVĀDA-BUDDHISMUS UND POLITSCHES ENGAGEMENT IN DEUTSCHLAND – PASST DAS ZUSAMMEN?

Thomas Bruhn

Bruhn, Thomas
Theravāda- Buddhismus und politisches Engagement in Deutschland – passt das
zusammen?

Bibliografische Information der Deutschen Nationalbibliothek
Die Deutsche Nationalbibliothek verzeichnet diese Publikation in der Deutschen
Nationalbibliografie; detaillierte bibliografische Daten sind im Internet über
http://dnb.d-nb.de abrufbar.

Buchumschlag:
Buddha Statue und Buddha Thron aus Myanmar/Burma und
Freundschafts-Pin mit Sāsanaflagge sowie Bundesflagge
Entwurf: T. Bruhn

Informationen zur Sāsanaflagge:

Die buddhistische Flagge ist in sechs senkrechte Balken unterteilt, von denen die
ersten fünf in den Farben blau/nīla, gelb/pīta, rot/lohita, weiß/odāta,
orange/manjestha gehalten sind und der letzte in eben diesen fünf Farben
horizontal unterteilt ist. Für die sechs Farben der buddhistischen Flagge, die
übrigens von allen Traditionen anerkannt wird, gibt es verschiedene Erklärungen:
Eine mythische Erklärung ordnet den Farben die Strahlen der Aura zu, rasmi mala,
die von Buddha im Stadium seiner Erleuchtung unter dem Bodhi-Baum ausging.
Diese Flagge wurde zuerst am 28.4.1885 in Sri Lanka im Dipaduttamaramaya-Tempel
als Symbol des Buddhismus durch Migettuwatte Gunananda anläßlich des Vesakha-
Festes gehißt. Als Erfinder gilt der amerikanische Journalist Colonel Henry Steele
Olcott.
In Birma gibt es seit dem Sixth Buddhist Council in Yangon 1956 eine besondere
Variante dieser Flagge, in der orange gegen rosa ausgetauscht ist.
Bernhard Peter, Koblenz, 2006
www.bernhardpeter.de

Informationen zum Freundschafts-Pin:
Petra Beudt; donna0-9@t-online.de

Lektorat: Beatrice Jung

Herstellung und Verlag: Books on Demand GmbH, Norderstedt

ISBN 978-3-8391-5611-7

Inhalt

5

Namo Tassa Bhagavato Arahato Sammāsambuddhassa

Theravāda-Buddhismus und politisches Engagement in Deutschland – passt das zusammen?

Diese Frage habe ich für mich noch nicht beantworten können. Weder für ein volles Ja noch für ein klares Nein[1] kann ich mich im Moment hundertprozentig entscheiden. Hier liegt auch die Hauptmotivation, diese Exploration zu schreiben und zu publizieren. In der Auseinandersetzung mit den verschiedenen Fakten, Meinungen und Texten und der entsprechenden Literatur hoffe ich meine eigene Meinungsfindung im Prozess des Schreibens zu strukturieren.

Ich habe so gut es geht mein Leben entlang von Sīla, Samādhi und Paññā – Sittlichkeit, Sammlung bzw. Ruhe des Geistes[2] und Wissen bzw. Weisheit – ausgerichtet, wie diese drei Schritte im Visuddhi Magga[3] beschrieben sind. Dieses Werk wird von der Schule des Theravāda-Buddhismus, den ich als den ursprünglichen Buddhismus empfinde, als autoritativ anerkannt.[4] Nun möchte ich prüfen, inwieweit der ge-

---

[1]

Ein klares Nein könnte man zu Beispiel so begründen: "Befreiung ist eine individuelle Angelegenheit und der Pfad, dies zu erreichen, beinhaltet es, die Gesellschaft zu verlassen anstatt diese zu transformieren." Loy, David; The Great Awakening, Sommerville, 2003, S. 128, oder auch: „Der Buddha... lehrte den Weg zur Überwindung der Welt, nicht den zur Veränderung derselben." Stoller, Andreas; Analyse von Macht und Herrschaft im Kontext buddhistischer Religion..., Magisterarbeit Politikwissenschaft, Hagen, 2005, S.2

[2]

Auch manchmal übersetzt mit: „geistige Einspitzigkeit" (cittekaggatā); Buddha Gotama; MN, I, S.363, sowie Darlegung der Bedeutung – Atthāsalinī, übersetzt von Bhikkhu Nyānaponika, PTS, Oxford, 2005, S.190

[3]

Buddhaghosa Thera; Visuddhi Magga; Der Weg zur Reinheit, erste deutsche Übersetzung durch Nyānatiloka Mahāthera, Christiani Verlag, Konstanz, 1975; Neuausgabe beim Jhana Verlag, Oy - Mittelberg

[4]

sellschaftliche und politische Aspekt verstärkt Beachtung verdient. Dieser Aufsatz reflektiert nur meine eigene Recherche. Für Fehler übernehme ich alleine die Verantwortung. Ich hoffe, dass andere Personen diesen Text auch als Anregung für sich gebrauchen können.

Es mag sein, dass Sie dieses Buch als sehr intellektuell und trocken empfinden. Dies kann auch daran liegen, dass viele unterschiedliche Quellen Berücksichtigung finden.
Dies ist weniger ein belletristisches Buch, eher ein Sachbuch, deshalb diese Unzulänglichkeit.
Beim Lesen können sie auch so vorgehen, dass Sie ein Kapitel, das Sie besonders interessiert, auswählen und danach Ihre eigene Leseordnung finden, das heißt ggf. hin und her springen.

Ein mögliches politisches und soziales Engagement ist im Buddhismus dem Begriff Sīla (Sittlichkeit, Moral, Ethik) zuzuordnen. Im Edlen-Achtfachen-Pfad beschreibt der Buddha Gotama Sīla als integralen und unabdingbaren Teil des Pfades zur Befreiung.

Sīla lässt sich in drei Schritte unterteilen, nämlich Rechte Tat, Rechte Rede und Rechter Lebenserwerb. Was nun bedeutet recht? Dies sind – vereinfacht ausgedrückt – Handlungen, Worte, und Formen des Lebenserwerbes, die weder mir noch anderen Lebewesen Schaden zufügen.[5]

Historiker sehen den Theravāda-Buddhismus folgendermaßen: „Die Theravāda-Schule geht letztlich auf die Gruppierung der Vibhajjavāda zurück, die sich als die älteste Sthavira Gruppierung in der Zeit des 3. Buddhistischen Konzils... während der Regierungszeit des Kaisers Asoka in Indien bildete." Sen, Arita; Pāli Tipitika Chanting: Oral Tradition of Theravāda Buddhism, Field Research Work, New Dehli, 2008, S. 10.
Hierbei ist „Sthavira" Sanskrit für Pali „Thera" = die Ältesten; also „Theravāda = Schule der Ältesten"
5

Was ist nun aber unter politischem Engagement zu verstehen? Politisches Engagement kann sich nicht nur in parteipolitischer Arbeit, sondern auch jenseits von Parteistrukturen[6] in außerparlamentarischem Engagement manifestieren, zum Beispiel beim Engagement in der Nachbarschaft, am Arbeitsplatz, in der Gemeinde, im Umweltbereich, in einer Stiftung oder in einem gemeinnützigen Verein.

Wenn man diese umfassende Definition von Politik zu Ende denkt, kann man zu dem Schluss kommen: „Alles ist Politik, jeder ist ein Politiker... So kann jeder die Gesellschaft verändern – sei es in den eigenen vier Wänden oder in der Nachbarschaft, sei es in der kleinen oder der großen Politik..."[7]

Diese Arbeit beschäftigt sich zwar nur mit sozialem Handeln in Deutschland; natürlich können die Ziele dieses Engagements, z.B. von privaten Stiftungen oder etwa der Entwicklungspolitik des Parlaments, durchaus auf das Ausland gerichtet sein, z.B. in die sog. Dritte Welt, etwa nach Südostasien, wo der Theravāda-Buddhismus am meisten verbreitet ist.

Der Ehrenwerte Anālayo Bhikkhu weist darauf hin, dass sammā (recht) wörtlich mit „Einheitlichkeit, Zusammenhalt" zu übersetzen ist und so einen Bezug auf die Anwendung im gesamten Pfad ausdrücken soll, so wie es z.B. bei der rechten Konzentration auch auf den Zweck der Konzentration ankommt (Anālayo Bhikkhu;Satipaṭṭhāna, Cambridge, 2008, S.74). Ein Angler, der sich auf den zu tötenden Fisch konzentriert, hat z.B. keine rechte Konzentration. Gruber sieht in der Übersetzung von sammā mit „recht" ein „westlich-christliches Denkmuster." Die eigentliche Bedeutung sei eher im Bezug auf eine „innere Höherentwicklung" in der Praxis zu suchen. (Gruber, Hans; Kursbuch Vipassanā, Frankfurt, 2001, S.190)
6

Siehe dazu die politikwissenschaftliche Dissertation von Anja Joest; Politisches Engagement jenseits von Parteistrukturen, Universität Tübingen, 2008
7

Weizäcker von, Beatrice; Warum ich mich nicht für Politik interessiere..., Bergisch Gladbach, 2009, S.202 und S.168

Lässt sich also politisches Engagement mit dem Theravāda-Buddhismus verbinden? Das werden wir versuchen herauszufinden. In Anlehnung an unsere umfassende Definition von Politik macht folgender Satz Sinn: „Alle Religionen haben eine politische Dimension."[8] Lassen sie uns erforschen, was das für uns bedeuten könnte.

An dieser Stelle sei erwähnt, wie zentral für Theravāda-Buddhisten etwas ist, was mit *Verdienste erwerben* [9] bezeichnet wird. Dies ist im Prinzip ein rein buchhalterischer Vorgang in dem Sinne, dass gute Taten gute Folgen haben und schlechte Taten schlechte Folgen. Diese Folgen beziehen sich nicht nur auf das jetzige Leben, sondern auch auf zukünftige Leben.

„Jedes Individuum hat sozusagen ein Kassabuch des Lebens, in dem ohne Nachsicht und Erbarmen Verbrechen und Verdienste verzeichnet sind. Dem Saldo entspricht die nächste Inkarnation." So wurde schon 1920 in uns etwas altertümlich erscheinenden Worten dieser Sachverhalt von einer österreichischen Buddhistin beschrieben.[10]

Deshalb ist es für Theravāda-Buddhisten wichtig, so viele gute Taten wie möglich auszuüben. Gute Taten können – besonders bei Laienanhängern – durchaus auch auf der gesellschaftlichen und politischen Ebene ausgeübt werden.

---

[8] Harris, Ian; Buddhismus, Power and Political Order, New York, 2007, S.1

[9]

„In dieser sich verändernden Welt können die Lebewesen in der Tat nur durch verdienstvolle Taten die Wiedergeburt erreichen, die sie sich wünschen. Indem der kluge Mensch dies reflektiert, wird er immer wieder angespornt, verdienstvolle Taten anzuhäufen." The Mahāvaṃsa, PTS, Oxford, 2001, S. 154

[10]

Schalek, Alice; Im Buddhaland, Bilder aus Burma, Zeitschrift für Buddhismus, 1920, 2.Jg., Heft 3/4, S.108. Auch Schopenhauer sagte: „ An dem, was wir leiden, erkennen wir, was wir verdienen." Ludger Lütkehaus sieht in diesem Satz eine Verquickung mit dem christlichen Schuldbegriff. Das kann ich jedoch nicht erkennen. Lütkehaus, Ludger; Nirwana in Deutschland, München, 2004, S.50

Dieser Prozess wird jedoch zu mechanistisch gesehen, wenn er auf ein einfaches Geben und Nehmen reduziert wird. Er hat primär – zumindest für jene, die das Nibbāna[11] anstreben – die Funktion, ein eigentlich nicht vorhandenes, also eingebildetes Ego zu relativieren und letztlich Anattā, Nicht-Seele, Nicht-Ich zu realisieren.

Man kann auch nicht – wie oft angenommen – eine schlechte Tat mit einer guten Tat kompensieren. Also zum Beispiel einen Krieg anordnen und dann glauben, wenn man danach eine große Pagode baue, werde man schon in die höheren Welten, Deva Loka oder Brahma Loka gelangen.[12]

Als Sterbebegleitung wird übrigens empfohlen, den Sterbenden an seine Verdienste zu erinnern, damit er ruhig sterben kann.

Gleich am Anfang möchte ich klarstellen, dass ich, wie aus der Überschrift bereits ersichtlich, nur über den Theravāda-Buddhismus spreche, so wie er z.B. in Laos, Thailand, Myanmar/Burma, Sri Lanka und Kambodscha zu finden ist und zum Glück auch zunehmend im Westen.[13]

11

Was ist Nibbāna? Hier die Antwort des Buddha Gotama: „Die Zerstörung von Lust, die Zerstörung von Hass, die Zerstörung von Verblendung wird Nibbāna genannt." Oft wird auch statt Zerstörung Erlöschen und statt Lust Gier und statt Verblendung Unwissenheit übersetzt. Buddha Gotama; SN, IV, S.170, PTS, London. Eine andere Beschreibung von Nibbāna durch den Buddha Gotama lautet: „Es gibt, ihr Mönche, ein Ungeborenes, Ungewordenes, Ungestaltetes, Unerschaffenes." zitiert in Buddhaghosa Thera; Visuddhi Magga, XVI, S. 592, a.a.O. Weiterhin kann man im Kommentar finden: „Nibbāna aber wird Befreiung genannt, weil es von sämtlichen Befleckungen völlig frei ist." Darlegung der Bedeutung – Atthāsalinī, a.a.O.; S.598

12

Dies scheint wohl die Einstellung von manchen südostasiatischen Königen gewesen zu sein; siehe: Sarakisyanz, E.; Buddhist Background of the Burmese Revolution, Freiburg, 1965, S.70

13

Richtungen, die zeitlich erst nach dem Parinibbāna, dem Verlöschen, dem Tod des Buddha Gotama entstanden sind – gemeinhin Mahāyāna, Vajrayāna, Zen oder ähnlich genannt – werden hier nicht behandelt. Diese Arbeit beschäftigt sich also nicht mit Personen in Deutschland, die sich zu diesen Schulen bekennen.

Natürlich werde ich, sobald der Engagierte Buddhismus in Deutschland zur Sprache kommt, auch die Sichtweise z.B. des Mahāyāna darlegen, aber nur um diese mit möglichen Einstellungen der Theravāda-Buddhisten zu vergleichen, wenn dies sinnvoll erscheint.

Deutsche Wissenschaftler haben sich ausführlich und inter-disziplinär mit dem Theravāda-Buddhismus beschäftigt.

An erster Stelle sind natürlich die Indologen und Orientalisten zu nennen. Aber auch die Anzahl der Ver-öffentlichungen aus der Psychologie ist enorm.[14]

Beiträge aus der Politologie, der Sozialarbeit, der Wirtschaftswissenschaft und der vergleichenden Religions-wissenschaft werden hier später noch benannt.

Es gibt auch aus der Kulturanthropologie,[15] der Schul-pädagogik[16] und der vergleichenden Politikwissenschaft –

---

z.B. im deutschsprachigen Raum: Koster Muttodaya, D-95236 Stammbach; Kloster Sibounheuang, D-68804 Althussheim; Kloster Puttabenjapon, D-63505 Langenselbold; Buddhistisches Haus, D-13465 Berlin Frohnau; Metta Vihara, D-87474 Buchenberg; Buddhistisches Kloster, CH-5014 Gretzenbach; Haus der Stille, D-21514 Roseburg; Kloster Dhammapala, CH-3718 Kandersteg; Meditationszentrum Beatenberg, CH-3803 Beatenberg; Internationales Meditationszentrum Österreich, A-9064 St. Michael; Sayagyi U Ba Khin Gesellschaft Deutschland, D-35037 Marburg; Sayagyi U Ba Khin Gesellschaft Schweiz, CH-3018 Bern; Buddhistisches Kloster Bodhi Vihara, D-85354 Freising; Santinanda e.V., D-16548 Glienicke; Haus der Besinnung, CH-9115 Dicken und viele andere Organisationen und Klöster hauptsächlich unter thailändischer Leitung (siehe Fußnote 258).
14

Einen kleinen Beitrag konnte ich vor langer Zeit auch dazu leisten. Thomas Bruhn; Theorie und Praxis der Atmungsachtsamkeit, in: Bühler, Karl-Ernst; Therapie und Spiritualität, Gladenbach, 1989
15

etwa über die Regierungsformen in den Ländern des Theravāda-Buddhismus und in der EU,[17] – Dissertationen und Examensarbeiten aus Deutschland.

Vielleicht kann dieser Artikel auch etwas dazu beitragen, den interdisziplinären Austausch zu fördern.
Was wir hier gerne thematisieren möchten ist, ob und wie man als Theravāda-Buddhist eine Ausgewogenheit zwischen der individuellen meditativen Praxis[18] und sozialem Handeln erreichen kann.

Die Zahlen

Nach Angaben des Statistischen Bundesamtes vom 31. Dezember 2008 leben in Deutschland 843 Staatsangehörige aus Laos, 1158 aus Myanmar, 28780 aus Sri Lanka, 54580 aus Thailand und 798 aus Kambodscha, ausgenommen sind Mitglieder diplomatischer und konsularischer Vertretungen.

Wenn ich bei Laos, Myanmar, Thailand und Kambodscha von plus minus 90% Buddhisten ausgehe und bei Sri Lanka von etwa 25% – wegen der hohen Zahl von tamilisch/hinduistischen Flüchtlingen – dann komme ich zusammen

---

Vogd, Werner; Radikaler Konstruktivismus und Theravāda Buddhismus, Dissertation, Universität Ulm, 1996
16

Frommer, Julia; Buddhistische Ethik als Thema des katholischen Religionsunterrichtes, Examensarbeit, Pädagogische Hochschule Weingarten, 2006
17

Oo, Soe Moe; Governance in the European Union and the Association of the Southeast Asian Nations, Dissertation, Universität Duisburg, 2008
18

Ein – und vielleicht „das" – Standardwerk der Neuzeit über theravada-buddhistische Meditation, in dem im Vorwort ausdrücklich Bezug auf die Pāli Texte und dem Visuddhi Magga von Buddhaghosa Thera genommen wird, ist: Paravahera Vajirañāṇa Mahāthera; Buddhist Meditation in Theory and Practice, Kuala Lumpur, 1975

13

mit einer relativ kleinen Anzahl von Theravāda-Buddhisten aus Indien, Vietnam (u.a. Khmer Krom)[19] und Bangladesch auf ungefähr 67000 ausländische Theravāda-Buddhisten in Deutschland.

Laut Auskunft der Deutschen Buddhistischen Union vom 1. Juli 2008 gibt es in Deutschland ca. 130000 Buddhisten deutscher Staatsangehörigkeit.[20] Nach Schätzung von Martin Baumann für das Jahr 1991[21] würden davon lediglich 13,9% dem ursprünglichen Buddhismus angehören; vermutlich wird die Zahl heute eher noch geringer sein. Bei dieser Prozentzahl kommt man auf etwa 19000 deutsche Theravāda-Buddhisten.

Die Gesamtzahl der in Deutschland lebenden Therāvada-Buddhisten mit ausländischer oder deutscher Staatsangehörigkeit sollte demnach insgesamt bei etwa 85000 liegen.

19

Dazu das Bundesamt für Migration und Flüchtlinge: „Diese Khmer Krom Mönche hatten unter anderem friedlich für mehr Religionsfreiheit demonstriert." Asyl 12/2008, 15. Jahrgang. Die Khmer Krom Mönche gehören dem Theravāda-Buddhismus an; die große Majorität der Bevölkerung jedoch dem Mahāyāna.

20

Die zu erwartende Volkszählung in Deutschland im Jahre 2011 wird nun – anders als es die EU Zensusverordnung vorsieht – auch die Religionszugehörigkeit erfassen (FAZ vom 23.4.2009). Ich erwarte dabei keine zuverlässigen Zahlen über die Anzahl der deutschen Buddhisten, denn 90% der benötigten Daten sollen „durch Auswertung von Verwaltungsregistern" (FAZ vom 23.4.2009) erhoben werden. Viele deutsche Buddhisten gehören aber noch auf dem Papier der Religion an, in der sie durch eine Übereinkunft zwischen Eltern und Kirche „hineingetauft" wurden. Das mag vier Gründe haben. Erstens eine gewisse Bequemlichkeit, zweitens sind viele Personen der Meinung, dass man gleichzeitig Christ und Buddhist sein kann, drittens ist der Austritt aus der christlichen Kirche mit berechtigten Ängsten bezüglich beruflichen Bewerbungen verbunden, da große Arbeitgeber in Deutschland (z.B. Caritasverband, Diakonisches Werk) die Zugehörigkeit zu einer christlichen Kirche verlangen und viertens gibt es die Empfehlung führender Persönlichkeiten des Mahāyāna, in der Religion zu verbleiben, die in der jeweiligen Heimatkultur vorherrscht, das ist eben hier das Christentum.

21 Zitiert bei G. Genau ;100 Jahre Buddha Bücher, Stammbach, 1978, S.96

Noch im Jahr 1994 bezifferte Der Spiegel[22] die Gesamtzahl der praktizierenden Buddhisten in Deutschland mit lediglich 80000 Personen. Im Jahr 2007 dann gibt DIE ZEIT[23] entsprechend der Angaben der DBU 250000 aktive Buddhisten in Deutschland an.

Ich erwähne diese Zahlen, weil ich denke, dass es gerechtfertigt ist, sich Gedanken zu machen, in welcher Form eine doch beträchtliche Anzahl von Personen in Deutschland, die sich zum ursprünglichen Buddhismus bekennen, ihr Leben mit politischem Engagement bereichern können, wenn sie es denn wollen.

Der Zeitraum Sāsana, in der die Lehre des Buddha Gotama zur Verfügung steht, wird in der Tradition des Theravāda mit 5000 Jahren angegeben.

Dieser Zeitraum wird in zweimal 2500 Jahre aufgeteilt, wobei innerhalb der ersten 2500 Jahre ein kontinuierlicher Verfall des Verständnisses und der Praxis zu beobachten ist.

Wenn die zweiten 2500 Jahre anbrechen, erlebt dann die Lehre eine besondere Wertschätzung und es wird wieder möglich, die eigene Befreiung, Nibbāna[24] zu erreichen. Dieser Zeitraum wird Vimutti[25] genannt, und wir leben jetzt knapp 60 Jahre in dieser so günstigen Zeit.[26]

22

Der Spiegel 6/94 S.146 (80 000 praktizierende Buddhisten, aber „300 000 Anhänger")

[23] DIE ZEIT, 12/07, S.13

[24] Karuna Kusalasaya, Buddhism in Thailand, Sri Lanka, BPS, 1965, S. 1

25

"Die buddhistische Lehre... währt zwei Zyklen von jeweils 2500 Jahren nach dem Dahinscheiden des Buddha, zusammen also 5000 Jahre, in denen die Qualität buddhistischer Handlungen langsam verfällt, vom Vorherrschen der Popularität der Vipassanā Meditation bis hinunter zum Vorherrschen der Popularität von Handlungen des Schenkens, um dann in diesem Jahrhundert wieder eine Kehrtwendung zu Vipassanā zu machen. Diese zwei Zyklen, die erste anfangend mit dem Dahinscheiden des Buddha, die zweite anfangend im Jahre 1956 am Ende der Sechsten Buddhistischen Synode, 2500 Jahre nach dem Tod des Buddha, werden in jeweils fünf Perioden von je 500 Jahren unterteilt... ." Houtmann, Gustaaf; Traditions of Buddhist Practise in Burma, Dissertation, London, 1990, S. 87

Deshalb ist es jetzt besonders wichtig, die Lehre des Buddha genau entsprechend seiner ursprünglichen Worte zu praktizieren.

Die Vorsicht

Das Thema politisches Engagement birgt große Gefahren in sich, weil wahrscheinlich jeder etwas anderes darunter versteht. Deshalb ist Vorsicht angebracht.

„Indem man reflektiert, dass Macht und Herrschaft sowohl eine Quelle mannigfaltiger Verdienste aber auch eine Quelle der Ungerechtigkeit sein kann, wird jemand mit einem gläubigen Herzen sich nie an dieser Macht erfreuen, gerade so als wäre eine süße Speise mit Gift vermischt."[27]

Insbesondere in Deutschland sollten wir das Thema politisches Engagement mit besonderer Sensibilität und Vorsicht angehen. Wie wir alle wissen, ist in der Vergangenheit unermessliches Leid von Deutschland ausgegangen. Der Diktatur des Faschismus mit seiner verheerenden Ideologie sind die meisten Deutschen damals gefolgt, auch wenn nach der Kapitulation plötzlich keine Anhänger mehr zu finden waren. Viele Leser sind vielleicht

---

Nach Ablauf der fünf Perioden Vimutti, Samādhi, Sīla, Sutta und Dāna werden nur noch veräußerlichte Zeichen, Liṅga mattam, vorhanden sein. In: Buddha Gotama; KN, Therāgatā, Psalms of the Early Buddhist, übersetzt von Rhys Davids, PTS, London, 1951, S. 339
26

Über die Zustände, die wir nach Ablauf der 5000 Jahre haben werden, berichtet der Bhikkhu Phussa: „Die Dummköpfe werden die wohlunterrichtete Lehre verunreinigen... Die Menschen werden die Gemeinschaft jener suchen, die sich an falschen Arten des Lebenserwerbs erfreuen." In: Buddha Gotama; KN, Therāgatā, The Elders Verses, I, übersetzt von K.R. Norman, PTS, London, 1969, S. 89-90

[27] The Mahāvaṃsa, PTS, Oxford, 2001, S.266

16

erst nach Kriegsende geboren und kennen die Fakten nur von den Eltern, aus dem Geschichtsunterricht und den Medien. Die heutige junge Generation ist noch weiter von diesem Geschehen entfernt und möchte meist nichts mehr darüber hören.

Was Deutschland auch erleben musste und was ebenfalls zur jüngeren Vergangenheit gehört, ist die Diktatur von links in der ehemaligen DDR, wo wir wiederum beobachten konnten, dass sich dort nach der Auflösung dieses Staatsgebildes plötzlich die wenigsten zu ihren Aktivitäten bekennen wollten. Wir können aber daraus lernen, dass wir uns sehr vorsichtig und zurückhaltend über politische und gesellschaftliche Dinge äußern und ganz genau bedenken sollten, ob wir mit unseren Worten und Handlungen uns selbst und anderen schaden oder helfen.

Ist das Erwachen außerhalb unseres Körpers zu finden? Gilt der Mittlere Weg auch für politisches Engagement?

Der Buddha Gotama beschreibt den Mittleren Weg als zwischen dem Streben nach Genuss, dem Hedonismus und der Selbstkasteiung oder Asketentum stehend.[28] Dies bezieht sich zunächst nur auf den jeweils individuell zu beschreitenden Weg zum Erwachen und schließt Extreme aus.

Ich vermute, dieser Ansatz des Vermeidens von Extremen lässt sich aber auch auf politische und gesellschaftliche Fragestellungen übertragen.

Das hat jedoch bei manchen übereifrigen Autoren dazu geführt, dass geradezu das Gegenteil der Lehre des Buddha verkündet wird, z.B.: „Der Buddha lehrte, dass unser

---

[28] In Pāli: Majjhimā Patipadā

spirituelles Erwachen durch eine Verbindung zu Anderen und zur Natur erreicht wird."[29] Was sagt der Buddha Gotama dazu? „In diesem klaftergroßen Körper... erkläre ich, ist die Welt... und das Ende der Welt und (auch) die Handlungsweise, die zum Erlöschen der Welt führt."[30] Also in genau diesem unserem Körper ist das Erwachen zu finden.

Allerdings ist es in dem Satipaṭṭhāna Sutta erwähnt, dass es auch möglich ist, die Achtsamkeit an externen Objekten zu schulen. Manche Autoren weisen darauf hin, dass dies nützlich sein könnte, um so eine gewisse exzessive Selbstzentriertheit zu vermeiden.[31]

Politisches und gesellschaftliches Engagement mag vielleicht wichtig sein – wir werden dass noch zu klären versuchen – es mag auch eine Gelegenheit sein, Altruismus und Achtsamkeit zu üben. Nach dem obigen Zitat des Buddha Gotama scheint mir das Nibbāna allerdings vorrangig im eigenen Körper realisierbar zu sein.

Die extrem seltene menschliche Geburt und die Gefahren falscher Gedanken, Worte und Handlungen

Jede unserer Gedanken, Worte und Taten hat Folgen, die wir selber erfahren werden. Dies ist das Gesetz von Ursache und Wirkung, Kamma.[32]

---

[29] Badinger, Allan; Mindfulness in the Marketplace, Berkeley, 2002, S.27

[30] Buddha Gotama; SN, I, S.86, PTS, London

[31] Anālaya Bhikkhu; Satipaṭṭhāna, a.a.O., S.98

[32]

Der Begriff Kamma, besser bekannt in der Sanskrit Form Karma, wird von den meisten Menschen im Westen, zum Teil auch von Buddhisten, falsch verstanden. Kamma bedeutet Tat, Wirken, Handlung; nicht jedoch: Schicksal, Fügung oder Determinismus! (siehe auch: Buddhistisches Wörterbuch, Erstausgabe Christiani Verlag, Konstanz, 1976, S.98, Neuausgabe: Verlag Beyerlein & Steinschulte) Es gibt

„Eben weil der Buddhist weiß, dass sein Tun Folgen hatte, hat und haben wird, wird er ein Vorhaben viel intensiver und gründlicher bedenken und prüfen, bevor er es durchführt, und er wird abzuschätzen versuchen, was die Folgen dieses Tuns sein werden." [33]

Wir sind im Augenblick alle auf der menschlichen Ebene geboren und sollten diese Gelegenheit nicht ungenutzt verstreichen lassen.

Wenn wir unheilsame und ungeschickte Gedanken, Worte und Taten ausüben werden wir mit Sicherheit in den tieferen Existenzebenen wiedergeboren und die Gelegenheit, dem Samsāra zu entkommen, ist dahin.

Der Buddha Gotama hat die extrem seltene Möglichkeit, als Mensch geboren zu werden in zwei Beispielen erläutert.

Das Erreichen der menschlichen Geburt ist so unwahrscheinlich wie die Möglichkeit, dass eine blinde Schildkröte, welche alle einhundert Jahre ihren Kopf aus den Weltmeeren, worin sie herumschwimmt, nach oben streckt, auf eine darin herumtreibende Boje trifft. [34]

Und weiterhin sagt der Buddha Gotama: Die Zahl derjenigen, die nach ihrem Tod in der menschlichen Existenzebene wiedergeboren werden, ist im Verhältnis zur Anzahl der Wiedergeburten auf anderen Existenzebenen „so gering wie

---

zusätzlich noch das Vipāka Kamma, die Auswirkung einer früher begangenen Tat in Werken, Worten und Gedanken. Das ist zum Beispiel der status quo, in dem wir jetzt leben. Aber nicht alle geistigen Phänomene sind Vipāka Kamma, denn sonst wäre ja jede geistige Anstrengung sinnlos und man bräuchte und könnte den Weg zum Erwachen nicht beschreiten. Man kann in jeder gegebenen Situation etwas für seine Zukunft tun! "Jeder gestaltet seine Zukunft in eigener Verantwortung" Schumann, H. W.; Der Buddha erklärt sein System, S.30, Verlag Beyerlein & Steinschulte, Stammbach. Dazu auch Sayagyi U Ba Khin: „Es gibt keine Ursache ohne Wirkung und keine Wirkung ohne Ursache." (zitiert im IMC-Newsletter, Heddington, Jg. unbekannt)

[33] Busch, Peter; Verhindert die Karma – Lehre soziales Engagement? in: Lotusblätter 3/90, DBU, München

[34] Buddha Gotama, SN, V, S.384, PTS, London

die Staubkörner auf meinem Fingernagel" im Vergleich zu „der Menge der Sandkörner in ganzen Universum."[35] Das bedeutet, dass die ganz überwältigende Mehrzahl der Wiedergeburten in den vier niederen Welten stattfindet, da die Geburt in den höheren Welten (Deva Loka, Brahma Loka) noch seltener ist als die menschliche Geburt. Der Grund ist – so sagt der Buddha Gotama – „das Nichterkennen der Vier Edlen Wahrheiten."[36]

Warum erwähne ich dies? Um deutlich zu machen, wie wichtig es ist, dass wir unsere Gedanken, Worte und Taten sorgfältig kontrollieren und wählen. Natürlich hat das dann Konsequenzen für unser tägliches Leben. Und die Frage-stellung: Theravāda-Buddhismus und politisches Engagement – passt das zusammen? betrifft eben genau unser tägliches Leben.

Der Bodhisatta ist so weit gegangen, dass er sich in einem Leben als Königssohn während seiner ganzen Jugend bis hin ins Erwachsenenalter taubstumm stellte, um nur nicht in politische Entscheidungen hineingezogen zu werden. Er konnte sich nämlich an eine frühere Existenz als König erinnern, in der er die Staatsgesetze angewandt hatte und Verbrecher gerecht oder ungerecht bestrafte. Danach wurde er dann in der Hölle wiedergeboren. Das wollte er natürlich nicht noch einmal erleben.[37]

35

Sayagyi U Chit Tin; Das Wissen um Anicca und der Weg zu Nibbāna, 2003, S. 250-251. Derselbe Vergleich beschreibt auch das wenige Leiden, das noch verbleibt, wenn jemand Nibbāna realisiert hat. Buddha Gotama, SN, V, S.386, PTS, London
36

„Nichtwissen (das Nichterkennen der vier Edlen Wahrheiten) ist des Leidens Wurzel" Buddha Gotama; Majjhima-nikāya, I, Mūlapariyāya Sutta, zitiert aus: www.palikanon.com
37

Buddha Gotama; The Jātaka; Stories of The Buddhas Former Births, PTS, London, 1981, V, S.13, Nr. 538, Mūga Pakkha Jātaka; (auf Deutsch beim Verlag Beyerlein &

Der Buddha Gotama und die Gewaltlosigkeit

In einer anderen Situation begab sich der Buddha Gotama in die Mitte des Flusses Rohini, der die Grenze zwischen zwei Kriegsparteien bildete. Dort saß er im Schneidersitz in der Luft und ermahnte die beiden Könige, dass sie ein Blutvergießen in Gang setzten und in äußerst unziemlicher Weise handeln würden.[38]

Den König Ajātasattu, welcher in das Reich des Vajjian Bündnisses eindringen wollte, berät er dahingehend, dass eine geplante Invasion des Nachbarreiches nicht erfolgreich sein könne, solange dort die traditionellen Werte weiter befolgt würden.
Es ist hier wie auch in den Gesprächen des Buddha Gotama mit dem König Pasenadi von Kosala aber interessant festzustellen, dass der Buddha Gotama sich aus der Tagespolitik heraushält und sich möglicherweise auch nicht generell gegen die strenge Anwendung von Gesetzen ausgesprochen hat.[39]
(Apropos Tagespolitik. Ich hatte eine Begegnung in Deutschland, die mich nachdenklich gestimmt hat. Auf meine Frage an einen Bundeswehrangehörigen, mit dem ich letzte Woche zufällig im gleichen Zugabteil saß, warum sich seine Kameraden freiwillig für den Krieg in Afghanistan melden

---

Steinschulte): "In einer früheren Geburt war er ein König gewesen; daran konnte er sich gut erinnern. Als er jedoch diesen Status aufgeben musste, weil er verstarb, wurde er in der Hölle wiedergeboren. Ungefähr 20 Jahre verlebte er im Luxus auf dem Thron, 80 000 Jahre musste er für seine unheilsamen Taten jedoch in der Hölle büßen."
[38]

Buddhist Legends; Part 3, S.71, PTS, London, 1979: "Grosse Könige, warum verhalten sie sich auf diese Weise? Wenn ich heute nicht hier gewesen wäre, hätten sie ein Blutvergießen angerichtet. Sie haben sich in einer äußerst unziemlichen Weise verhalten."
[39] Schmithausen, Lambert; Aspects of Buddhist Attitude to War, Leiden, 1999, S.50

21

würden, kam die Antwort: „Wegen dem Adrenalin." Ein Einzelfall ?)

In dem Kūṭadanta Sutta[40] empfiehlt der Buddha gewaltlose Sozialpolitik mit marktpolitischen Zügen als die weisere Lösung statt Bestrafung mittels Gewaltanwendung.[41]

In dem Puṇṇovāda Sutta[42] lobt der Buddha den Ehrenwerten Puṇṇa, der erklärt, dass er Beleidigungen, Schläge oder Messerstiche aushalten werde und sogar einem Angriff, der für ihn tödlich ausgehen könnte, noch etwas Positives abgewinnen wolle. Dass er keine Gegengewalt anwenden wird, sagt er zwar nicht explizit, kann aber aus dem Text als selbstverständlich geschlossen werden.

Unter dem Motto „Das Ziel heiligt die Mittel" werden viele Kriege geführt. Dies widerspricht fundamental den Lehren des Buddha. Die Mittel müssen sich mit dem Ziel decken. Ein gutes Ziel kann nicht mit schlechten Mitteln, also mit Gewalt, erreicht werden.[43]

40

Buddha Gotama, DN, II, Kūṭadanta Sutta, S. 175, PTS, London: Der Bodhisatta berät den König folgendermaßen. Dieser solle nicht denken: "Es gibt außerhalb unserer Landesgrenzen Banditen, die die Dörfer und Städte plündern und die Straßen unsicher machen... Ich werde das Spiel dieses Packs durch Erniedrigung, Verbannung, Strafen, Fesseln und Tod stoppen!" Er schlägt stattdessen vor: "Es gibt jedoch eine Art und Weise, wie man diese Unruhen völlig beseitigen kann. Denjenigen, die im Regierungsbereich des Königs leben und Viehzüchter oder Getreideanbauer sind, denen sollte der König Nahrungsmittel und Getreide geben, denjenigen, die Händler sind, sollte er Geld zum Investieren geben, denjenigen, die Regierungsbeamte sind, sollte er Lohn und Nahrungsmittel geben... Das Land wird ruhig und friedvoll sein."

41

Zu der schwierigen Differenzierung zwischen Gewaltlosigkeit und Pazifismus besonders bezüglich einer Polizei oder Armee, die die öffentliche Ordnung schützen soll, schreibt Paul Fleischmann: „Es jemanden zu erlauben, Schaden anzurichten ohne Konsequenzen zu erfahren, ist nicht Gewaltlosigkeit." In: The Buddha taught nonviolence, not pacifism; Sri Lanka, BPS, 2002, S.30

42 Buddha Gotama; Puṇṇovāda Sutta, MN, III, S.319, PTS, London

43

Siehe auch: Bhikkhu Khantipalo; Aggression, War and Conflict; BPS, 1986, S. 30 sowie: Gethin, Rupert; Can Killing a Living Being Ever Be an Act of Compassion? The

„Gewalt, unter welchem Vorwand auch immer, ist absolut gegen die Lehre des Buddha."[44]

Wie schreibt dazu der Ehrenwerte Ashin Janakabhivumsa? „Unfähige Politiker (wörtlich: Führer in der Welt) haben immer erwartet, dass sie Frieden mittels Krieg erreichen können. Deshalb stockten sie ihre Armeen auf, führten Kriege und sprachen gleichzeitig redegewandt über Frieden."[45]
Was können wir daraus für uns folgern? Einfach, dass wir uns genau überlegen, ob unsere Gedanken für uns selbst und andere gut sind; ob sie friedfertig sind und auch zu friedfertigen Handlungen führen oder nicht.

Unsere Gedanken prägen und konditionieren uns und bestimmen unseren Charakter. Es ist aber Selbstbetrug, friedvolle Gedanken zu haben und friedvolle Worte zu formulieren, diese dann aber mittels Krieg und Gewalt umsetzen zu wollen.
Der Buddha Gotama sagte: „Ihr Bhikkhus, worüber auch immer ein Bhikkhu häufig nachdenkt und reflektiert, das wird dann seine geistige Ausrichtung werden."[46]
Diese geistige Ausrichtung sollte dann zu entsprechenden Handlungen führen.

Wir selbst haben die Folgen unserer Taten, Worte und Gedanken zu tragen; dies ist das einzige Erbe, das wir mit Gewissheit antreten können und müssen.[47]

---

analysis of the act of killing in the Abhidhamma and the Pali Commentaries, Journal of Buddhist Ethics, Vol. 11 (2004)
44
Deegalle; Mahinda; Is Violence Justified in Theravāda Buddhism? Current Dialogues 39 (2002), 8-17
[45] Venerable Ashin Janakabhivumsa, Aphorisms, Yangon, 1992, S.12
[46] Buddha Gotama, MN, Dvedhāvitakkasutta, I, S.149

Die drei Aufgaben der Mitglieder des Bhikkhu und Bhikkhunī Saṅgha (Mönche und Nonnen)

Es werden drei Aufgaben im ursprünglichen Buddhismus erwähnt: Pariyatti, theoretisches Lernen; Paṭipatti, die Praxis, das Befolgen d.h. Meditation; Paṭiveda, die Früchte der Praxis d.h. Durchdringung und Verwirklichung. Politisches Engagement als vierte Aufgabe kommt hier für Mönche und Nonnen also nicht vor.[48]

In Burma/Myanmar geht man davon aus, dass der Bhikkhunī Saṅgha (der Nonnenorden) wegen der unterbrochenen Ordinierungsreihenfolge ausgestorbenen ist und aus technischen Gründen nicht revitalisiert werden kann.

Dies wird kontrovers diskutiert.[49]

47

"Man unterschätze das Böse nicht: Es kommt ja nicht zu mir zurück! Wenn tropfenweise Wasser fällt, füllt sich zuletzt der Wasserkrug... Man unterschätze das Gute nicht: Es kommt ja nicht zu mir zurück! Wenn tropfenweise Wasser fällt, füllt sich der ganze Wasserkrug... " Dhammapada; KN, übersetzt von Nyānaponika Mahāthera, Jhana Verlag, Oy-Mittelberg, 1992, S. 132-133

48

Nyānatiloka Mahāthera; Buddhistisches Wörterbuch, a.a.O., S.162; sowie U Ko Lay; Guide to the Tipitaka, 1986, S.94, in Deutsch erhältlich beim Theravāda-Netz der DBU, München.

49

Siehe dazu: Bechert, Heinz; Der Buddhismus, Geschichte und Gegenwart, München, 2000, S.184: „Die Tradition der gültigen Nonnenweihe gilt in den Theravāda Ländern als seit dem Jahr 456 n. Chr. abgerissen." Gombrich machte 1985 folgenden Vorschlag: "Wenn ein gebildetes Gremium in Sri Lanka sich bewusst wird, dass am Vinaya der Mahāyāna-Nonne des Fernen Ostens nichts inhärent mahāyānistisches ist, könnte der Saṅgha der Nonnen in Sri Lanka erneuert werden." Gombrich, Richard; Der Theravāda Buddhismus, Stuttgart, 1997, S.211. Genauso ist es dann auch gekommen. In einer mündlichen Präsentation in Deutschland bezeichnet folgerichtig der Ehrenwerte Bhikkhu Bodhi die Widerstände gegen die „Erneuerung der Bhikkhunī Ordination", die seit Jahren auf Sri Lanka vonstatten geht, als „konservative Theorie." aus: www.congress-on-buddhist-women.org Zur Diskussion dieses Themas in Thailand siehe: Seeger, Martin; The Bhikkhunī-Ordination Controversy in Thailand; Journal of the International Association of Buddhist

Ich selber meine, wenn ich mich hier auf den Saṅgha von heute beziehe, ausschließlich den Mönchsorden.

Bezüglich der oben beschriebenen drei Aufgaben des Saṅgha wurde anlässlich des Endes des ersten Zyklus der Lehre des Buddha Gotama, 2500 Jahre nach seinem Parinibbāna, in Burma, Myanmar festgehalten: „Für diese drei Hauptaspekte der Sāsana sollten effektive Beiträge im Sinne einer Förderung und Verbreitung der Lehre geleistet werden."[50]

Manchen Lesern mag es nicht bekannt sein, aber es gibt eine wachsende Zahl von Theravāda Mönchen, die in Deutschland leben. Ich schätze ihre Zahl etwa fünfzig Bhikkhus – oder mehr. Sie kommen meist aus Thailand, einzelne auch aus Sri Lanka, Myanmar/Burma und Laos. Auch einige Theravāda Mönche mit deutscher Nationalität haben sich entschieden, hier zu leben.

Es ist sicher nicht einfach, in unserer Kultur die 227 Vinaya Regeln – Pāṭimokkha – zu beachten, aber es ist nicht unmöglich.

Was könnte aber nun politisches Engagement für Bhikkhus sein?

Der Bhikkhu hat in Asien in der jeweiligen Gemeinde oder Großfamilie oft die Stellung eines Beraters und Betreuers. Er gilt als Autorität.

Studies, 29, 2006, S. 155-183. Dort wird auch auf den – mir einleuchtenden – Standpunkt des Ehrenwerten P. Payutto hingewiesen, dass es keine Nonnenordination geben kann, weil es ja gar keine Theravāda Nonnen gibt, die die Ordinationsformalitäten durchführen können (S.171). Diese sogenannte Bhikkhunī-Problematik wird gerade jetzt in diesen Jahren noch einmal intensiver diskutiert, siehe dazu den Theravāda Newsletter (75) vom 30.11.2009 bei www.theravadanetz.de

50

The Light of the Dhamma,VoI,Nr.1, S.45; Union Buddha Sāsana Council Act, Rangoon, 1952

Manchmal versuchen die Bhikkhus durch das gezielte – evtl. öffentliche und demonstrative – Vortragen des Mettā Sutta, der Lehrrede über liebevolle Güte, die Dinge zum Besseren zu wenden.

Kann man dies zum Beispiel als politische Aktivität bezeichnen?

Eine Liste von politischen Tätigkeiten, die ein Autor bei Bhikkhus in jüngerer Zeit auf Sri Lanka beobachtet hat, ist demgegenüber aber sehr eindeutig.[51]

Es heißt dort: „Die Mönche verbinden sogar Sozialarbeit mit buddhistischer Doktrin, sie sehen soziale Aktivitäten als ein Teil ihrer religiösen Praxis."[52]

Zweifelsohne haben ja die konkreten politischen Verhältnisse im jeweiligen Land auch Rückwirkungen auf die Mönche.

Wenn zum Beispiel die Laienbevölkerung nicht genug zu essen hat, kann diese kaum etwas an die Mönche abgeben, und Hunger für beide Gruppen ist die Folge.

In einigen Theravāda Ländern ist es inzwischen soweit gekommen, dass hungernde Laienanhänger außerhalb der Klöster auf die Essensreste des Saṅgha warten.

Nun sind die meisten Theravāda-Buddhisten in Deutschland Laienschüler, nicht Mönche; hier gelten dann nicht nur Pariyatti, Paṭipatti und Paṭivedha als die einzigen drei Aufgabenstellungen sondern gegebenenfalls noch weitere.

Ich werde darauf zurückkommen.

---

[51]

„Einflüsse auf die öffentliche Meinung und die Politik auszuüben", „buddhistisch-politische Zeitungen zu veröffentlichen", „Straßendemonstrationen und Proteste zu organisieren", „öffentlich politische Vorträge zu halten", „Wähler für die eigenen gewünschten Kandidaten zu gewinnen und zu mobilisieren." Tao, Liu; Beiträge der buddhistischen Institutionen zur sozialen Entwicklung in Sri Lanka, Universität Bielefeld, Fakultät für Soziologie, o. Jg., S.27

[52] Tao, Liu; a.a.O., S. 36

Der Buddhismus in der Zeit des Faschismus und des Kommunismus in Deutschland unter besonderer Berücksichtigung des Theravāda-Buddhismus

Lassen Sie mich jetzt zunächst den sicher interessanten Fragen nachgehen, wie sich Personen, die dem ursprünglichen Buddhismus nahe standen, zur Zeit der Hitlerdiktatur verhalten haben und auch wie die Naziideologie den Buddhismus betrachtete.

Es liegt auch ein Artikel zu den gesellschaftspolitischen Äußerungen von Buddhisten in Deutschland in der Zeit von 1903 bis 1933 vor, also aus der Zeit *vor* dem Hitlerfaschismus.[53]

Heinz-Jürgen Metzger benennt hier Karl Seidenstücker, der ja später wieder Christ wurde und auch dem Mahāyāna positiv gegenüber stand,[54] als Pazifisten und Vegetarier und Wolfgang Bohn, der ebenfalls wieder zum Christentum zurückkehrte[55] mit seinem Artikel „Buddha und die soziale Frage."

In einer mir vorliegenden Ausgabe der „Zeitschrift für Buddhismus" aus dem Jahre 1920 (Heft 7/9, S.242) distanziert sich Bohn im Zusammenhang mit dem von dem Nazis gebrauchten Hackenkreuzsymbol deutlich vom aufkommenden Nationalsozialismus.[56]

53
Metzger, Heinz-Jürgen; Gesellschaftspolitische Äußerungen von Buddhisten in Deutschland von 1903-1933 in: Buddhismus aktuell, Heft 1/2004

[54] Hecker, Helmuth; Lebensbilder deutscher Buddhisten, I, Stammbach, 2007 S. 158

[55] Hecker, Helmuth; Lebensbilder...., II, S. 29

56
„Bohn hat" – so meint Heinz Bechert allerdings im Gegensatz dazu im seinem Band I, S.128, a.a.O. – „das Streben nach Demokratisierung und Parlamentarismus als völlig unbuddhistisch verdammt." Er stünde damit – laut Bechert – im völligen

Weiterhin erwähnt Metzger Dr. Felix Kuh mit seinem Artikel „Buddhismus und Sozialismus"[57] und den bekannten Dr. Dahlke, der wegen seiner verdienstvollen Arbeit weltweit gewürdigt wird.[58] Kurt Fischer – ein Schüler von Dr. Dahlke – schrieb im Jahr 1933 – also im Jahr der Machtübernahme Hitlers – „Wenn der Buddhismus, wie er behauptet, Wirklichkeitslehre ist, so muss er auch eine wirkliche Lösung des sozialen Problems geben." (zu Fischers siehe auch S. 39).

Interessant mag auch die Tatsache sein, dass es in der Zeit vor dem Hitler Faschismus deutsch-birmanische Kontakte gab „mit dem Versuch von deutscher Seite eine buddhistische Ökumene ins Leben zu rufen."[59]

Wenn man noch weiter zurück gehen will, kann man die These vertreten, dass das Zeitalter der deutschen Aufklärung mit dem Theravāda-Buddismus einer „frühindische Form der Aufklärung"[60] begegnete.

Gegensatz zu vielen Buddhisten in Ceylon und Burma, die Demokratie und Parlamentarismus als geradezu buddhistischen Ursprungs betrachten.
57

In: Buddhistische Welt 1910/1911. Weiterhin: „Staat und Religion" 1912/1913, Quelle: Hecker, Helmuth; Lebensbilder..... II, S.166
58

Aus einer enormen Fülle von Publikationen zum Beispiel folgende Aufsätze und Vorträge mit sozialpolitischer Relevanz: „Weltfriede und Buddhismus" (1917/1918), „Studien zum Weltkriege" (1917 – 1919), „Darf der Buddhist sich mit den Dingen der Welt befassen?" (1918) „Der Staat und wir" (1925), „Über den Weltfrieden" (1925), Quelle: Hecker, Helmuth; Lebensbilder.....I, S. 14-23
59

Zöllner, Hans-Bernd; Birma zwischen Unabhängigkeit zuerst – Unabhängigkeit zuletzt, Dissertation, Hamburg, 1998, S.272
60 Lütkehaus, Ludger; a.a.O., S.11

Nun aber zur Nazizeit. Mir liegen zwei sehr kritische Bücher über die Rolle des Buddhismus während der Nazi Diktatur vor, die aber durchaus interessante Fakten enthalten.[61]

Im Buch von Victor und Victoria Trimondi, die dem Buddhismus negativ gegenüberstehen, wird viel über die Faszination der Nazis für Tibet als „Wiege der so genannten arischen Rasse"[62] und die „Nazi – Tibet – Connection" als beherrschenden Inhalt im „religiösen Neofaschismus"[63] geschrieben, was für uns als Theravāda-Buddhisten hier nicht von Bedeutung ist.

Aber auch andere erschreckende Tatsachen oder zeitgeschichtliche Gegebenheiten, vor denen Theravāda-Buddhisten nicht die Augen verschließen sollten, wurden recherchiert. SS-Führer Heinrich Himmler soll den Visuddhi Magga[64] gelesen haben.[65] Himmler wird mit den Worten zitiert: „Solche Einrichtungen werden wir später auch schaffen."[66] (nämlich Klöster zur Meditation). Und weiterhin: „Mit einem Leben ist es nicht zu Ende. Was der Mensch an guten, aber auch an schlechten Taten vollbracht hat, wirkt sich im nächsten Leben als sein Karma aus."[67] Ich habe die Quellenangaben überprüft; die Zitate sind richtig.[68]

61

Zotz, Volker; Auf den glückseligen Inseln, Berlin, 2000 sowie Trimondi, Victor und Victoria; Hitler, Buddha, Krishna, Wien, 2002

[62] Trimondi; 2002, S.115, a.a.O.

[63] Trimondi; 2002, S.161, a.a.O.

[64] Buddhaghosa Thera; Visuddhi Magga, a.a.O.

[65] Trimondi; 2002, S.26, a.a.O.

[66] Trimondi; 2002, S.32, a.a.O.

[67] Trimondi, 2002, S.33, a.a.O.

68

In einer neueren Untersuchung eines Historikers über die pseudoreligiösen und okkulten Vorstellungen Himmlers tauchen die Begriffe Therāvada Buddhismus und Visuddhi Magga allerdings nicht auf. Wegener, Franz; Heinrich Himmler, deutscher

Wissenschaftliche Kritik am Buch von Herrn und Frau Trimondi weist an dieser Stelle darauf hin, dass den Eindruck erweckt wird, als hätten die Nazis „tatsächlich ein echtes Verständnis"[69] des Visuddhi Magga besessen. Dies sei natürlich nicht der Fall gewesen.

Trimondi zitieren Indologen, die während der Nazizeit lebten, – zum Beispiel Walther Wüst und Jakob Wilhelm Hauer – und behaupten, es habe „seit Beginn des 19. Jahrhunderts... eine breite europäische Debatte über eine gemeinsame indisch- germanische Urkultur"[70] gegeben, in der auch der Pāli-Kanon als arisches Kulturerbe eingestuft wurde.

Trimondi beschäftigen sich dann auch ausführlich mit Julius Evola, den viele als den Herbert Markuse der Rechten ansehen und der – nach Trimondi – „ein viertel Jahrhundert nach seinem Tode" zurzeit „als absoluter Star am Himmel des intellektuellen Neofaschismus."[71] gesehen wird.
Evola hat ein Werk über den ursprünglichen Buddhismus geschrieben, was ich mir angeschaut habe.[72] Es enthält reihenweise richtig übersetzte Zitate aus dem Pāli-Kanon und teilweise auch richtige Erläuterungen dazu. Es ist mir unerklärlich, wie es jemand mit einem mir wirr er-

---

Spiritismus, französischer Okkultismus und der Reichsführer SS, Gladbeck, 2004. Es wird denn auch an anderer Stelle vom „scheinbaren Interesse vereinzelter Machthaber am Buddhismus" gesprochen. Lothar Nestler: www.buddha-dhamma.de
69

Golzio, Karl-Heinz; Eine kritische Betrachtung des neuen Buches von Victor und Victoria Trimondi, in: www. info-buddhismus.de
[70] Trimondi; 2002, S.72, a.a.O.
71

Trimondi; 2002, S.227, a.a.O. In: www.netz-gegen-nazis.de kann man lesen: Evolas Credo ist: "Die moderne Welt bringt den kulturellen Niedergang."
[72] Evola, Julius; The Doctrine of Awakening, Rochester, 1996

scheinenden Weltbild[73] schaffen kann, die Lehre des Buddha so passend in seine persönliche Philosophie zu integrieren. Der Übersetzer dieser Schrift, Bhikkhu Nanāvīra Thera, der 1949 die Novizenordination unter dem Ehrenwerten Nyānatiloka Mahāthera auf Sri Lanka erhielt (s. Seite 36), distanziert sich dann später auch von Evola.[74] Trimondi jedenfalls sehen es so, dass Evola den „Buddhismus als arische Lehre"[75] begreift.

Trimondi führen aus, dass all diese oben genannten Personen „die Inder für ihre repressive Sozialordnung und die traditionelle Kastenidee gelobt und bewundert"[76] haben. Dies allerdings wäre dann eine Bewunderung des Hinduismus gewesen; keine Bewunderung des Buddhismus.

Sie kommen zu dem Schluss, dass man „der kleinen deutschen buddhistischen Gemeinde... duldend bis wohlwollend gegenüber (stand)."[77]

Es habe keine Überwachung durch die Gestapo gegeben, und die Buddhisten seien in die allgemeine Verfolgung von Sekten durch das NS Regime nicht mit einbezogen worden.

Als Beispiel für NS - konforme Buddhisten nennen Trimondi aus dem Bereich des ursprünglichen Buddhismus Georg Grimm, Wolfgang Schuhmacher und Nyānatiloka Mahāthera.

---

[73]

Evola kommt dann letztlich zu dem Schluss, dass "der wichtige Kern des Buddhismus metaphysisch ist und einer Initiation bedarf," während die Interpretation des Buddhismus „als sittlichen Verhaltenskodex, der auf Mitgefühl, Humanität und Flucht aus dem Leben basiert... absolut äußerlich, profan und oberflächlich ist." a.a.O., Einführung, S. XV

[74]

Bhikkhu Nanāvīra Thera; 21.2.1964, "Ich kann Ihnen (dieses Buch) jetzt nicht ohne beträchtliche Vorbehalte empfehlen." in: www.nanavira.110mb.com

[75] Trimondi; 2002, S.242, a.a.O.

[76] Trimondi; 2002, S.327, a.a.O.

[77] Trimondi; 2002, S.305, a.a.O.

Georg Grimm[78] ist allerdings hauptsächlich dadurch bekannt geworden, dass er die zentrale Erkenntnis des Buddha, nämlich Anattā, d.h. das Fehlen einer Seele, eines Ichs leugnet und behauptet, dass wenn ein „Ich" in den fünf Khandhas, den Daseinsgruppen nicht zu finden sei, dann müsse es eben ein Ich „jenseits intellektueller Verstehbarkeit"[79] geben. Es gäbe ein „wahres Selbst" mit „transzendentalem Charakter."[80]
Seine Anschauung entspricht der alten Schule der Puggala-vadins (von Puggala = Person), die ebenfalls die Existenz eines Selbst/eines Ichs lehrten.

Man kann diese Anschauungen – den sogenannten Transzendentalbuddhismus – mit Fug und Recht als "Verkehrung der Buddhalehre in ihr Gegenteil"[81] bezeichnen. Diese verdrehte Anschauung[82] ist auch in religions-

---

78

Grimm verachtete die asiatischen Buddhisten und sagte folgendes über sie: "Aber für die Erforschung der alten Buddhalehre muss es natürlich ganz belanglos sein, welche Ansichten über sie jene [näml. asiatischen buddhistischen] Völker haben. Es gibt nichts Verkehrteres als die alte Buddhalehre bei den heutigen buddhistischen Völkern suchen zu wollen." www.payer.de/neobuddhismus/neobud0305.htm
79

Schuhmann, H.W.; Buddhismus und Buddhismusforschung in Deutschland, Wien, 1974, S.54
80 Baumann, Martin; Deutsche Buddhisten, Hannover,1991, S.64
81

Bohn, Wolfgang; Nach fünf Jahren; ein Rückblick auf die buddhistischen Strömungen der letzten Jahre, Zeitschrift für Buddhismus, 1920, 2. Jahrgang, Heft 1, S.6-7, Es wird denn auch damals davon gesprochen, dass es „in Deutschland unendlich mehr Spiritisten, Theosophen, Pantheisten und transzendental veranlagte buddhistische Interessenten gibt als Versteher des reinen, unverfälschten Pali-Buddhismus" gibt. (1920, Heft 3/4, S.122). Ob dies heute auch noch der Fall ist, möge der Leser selbst analysieren. Siehe dazu auch: Notz, Klaus-Joseph; Der Buddhismus in Deutschland in seinen Selbstdarstellungen, Dissertation, 1982, S. 58-67
82

Im Übrigen wird in dem ganzen Abhidhamma Piṭaka vom ersten bis zum letzten Satz beschrieben, dass dieses sogenannte Individuum nichts anderes ist als ein sich gegenseitig beeinflussendes Wechselspiel von körperlichen und geistigen Faktoren:

wissenschaftlichen Texten neueren Datums immer wieder anzutreffen.[83]

Was sagt der Buddha Gotama selbst dazu? „ Sabbe Dhammā Anattā`ti"[84] Alle Dinge, Gestaltungen, Phänomene sind wesenlos, ohne ein Ich, ohne ein Selbst; oder anders gesagt: Alle Zustände, seien sie bedingt[85] oder nicht bedingt,[86] besitzen kein kontrollierendes, dauerhaftes Selbst.

Insofern spielt Grimm für Theravāda-Buddhisten keine Rolle.

Dem Ehrwürdigen Nyānatiloka Mahāthera werfen Trimondi vor, dass er seinen Schüler, den Ehrwürdigen Nyānaponika, der Jude war, nicht selbst ordinierte, weil die Auslandsvertretung der Nazis in Sri Lanka daran Anstoß genommen habe.

Im Text von Helmut Hecker über den ersten deutschen Bhikkhu steht, dass er dem Ehrwürdigen Nyānaponika zwar die Novizenweihe gab, die volle Ordination jedoch selber nicht durchführte. Dies geschah nachdem er „vom Konsulat

---

Nāma/Rūpa; Pañca Khandha: Rūpa, Vedanā, Saññā, Saṅkhāra, Viññāna; auf Deutsch: Körpergruppe, Gefühlsgruppe, Wahrnehmungsgruppe, Geistesformationen, Bewusstseinsgruppe. Ein fortgeschrittener Meditierender erfährt dies selbst in sich. Als gute theoretische Einführung dazu empfehle ich: Nārada Mahā Thera; Manuals of Abhidamma, BPS, Sri Lanka, 1958
83

Messing, Marcel; Der Buddhismus im Westen, 1997, S.134: „Es ist vielleicht eines der größten und zugleich hartnäckigsten Missverständnisse, dass der Mensch nach der Lehre des Buddha keine Seele (kein Selbst) habe." Im selben Buch steht übrigens: "Der Buddha hat niemals über Gott gesprochen." S.212. Abgesehen davon, dass in unzähligen Lehrgesprächen über die himmlischen Welten gesprochen wird, hat der Buddha Gotama ausführlich dargelegt, wie es zum Missverständnis eines Schöpfergottes kommen konnte. Buddha Gotama, DN,III, Pātika Sutta, S.27, PTS, London, 2002

[84] Buddha Gotama; Dhammapada, KN, a.a.O., S.246

[85] Nāma und Rūpa, Geist und Körper

[86] Nibbāna, das Erwachen; das Erlöschen von Gier, Hass und Verblendung

in Colombo vorgeladen und verwarnt worden war, weil er deutsche Juden ordiniert habe."[87]

Die großartige Lebensleistung des Ehrenwerten Nyānatiloka kann man eigentlich nicht nur mit ein paar Worten würdigen. Sogar Trimondi bezeichnen ihn als hervorragenden Pāli Übersetzer.
Es war Nyānatiloka Mahāthera, der zu einer Zeit als die Worte des Buddha im Westen praktisch nicht zu vernehmen waren, die wichtigsten Lehrreden ins Deutsche übertrug; auch den Visuddhi Magga.
Er und sein Schüler, der Ehrenwerte Nyānaponika Mahathera, nahmen 1956 am sechsten Buddhistischen Konzil in Rangoon/Yangon teil. Sie waren damit wahrscheinlich die ersten Abendländer, die jemals bei einem buddhistischen Konzil in offizieller Funktion vertreten waren.

Wolfgang Schuhmacher schließlich war ein Schüler von Dr. Dahlke und „organisierte am 23. und 24. September 1933 einen buddhistischen Kongress im Buddhistischen Haus"[88] in Berlin.
Nach dem Tode Dahlkes trat er in die NSDAP ein, „weil er sich eine Besserung der sozialen Lage der Menschen versprach."[89]
Er begrüßte es, dass Hitler Vegetarier war und sich für den Tierschutz einsetzte. „Bald jedoch wandte er sich vom Nazismus ab und blieb nur noch nominell (in der Partei).

87

Hecker, Helmuth; Der erste deutsche Bhikkhu – das bewegte Leben der Ehrwürdigen Nyānatiloka Thera, Stammbach, 2007, S. 188
88

Steinke, Ulrich; Karl Bernhard Seidenstücker, Leben, Schaffen, Wirken, Abschnitt 9.3.2., Magisterarbeit, Universität Tübingen, 1989
89

Hecker, Helmuth; Lebensbilder deutscher Buddhisten, Band II, Stammbach, 2007, S.304

1937 wurde er wegen Pazifismus aus der Reichspresse-
kammer ausgeschlossen, der er... angehört hatte.“[90]
Er wandte sich später dem Mahāyāna zu – wie übrigens auch
der antifaschistisch eingestellte Ernst Lothar Hoffmann
(Lama Anagarika Govinda), dessen Vorlesungen zum
Theravāda-Buddhismus an der Universität Patna, Indien
auch auf Deutsch veröffentlicht sind.[91]

Soweit die für uns wichtigen Recherchen von Victor und
Victoria Trimondi.

Jetzt zu Volker Zotz[92] und seinem Buch: Auf den glückseligen
Inseln. Der Titel scheint mir eine ironische, vielleicht sogar
zynische Anspielung auf die „Island Hermitage" von
Nyānatiloka Mahāthera auf Sri Lanka zu sein.

Zotz sieht das Jahr 1903 als den Beginn eines sich
institutionalisierenden deutschen Buddhismus.[93]
Ralf Bub bemerkt dazu: Die äußeren Rahmenbedingungen für
eine fortlaufende Entfaltung und institutionelle Verankerung
des Buddhismus waren in der ersten Hälfte des 20.
Jahrhunderts wegen den beiden Weltkriegen „nicht gegeben
bzw. sehr negativ."[94]

---

[90] Hecker, Helmuth; 2007, a.a.O., S.305

[91]

Lama Anagarika Govinda; Die psychologische Haltung der frühbuddhistischen
Philosophie und ihre systematische Darstellung nach der Tradition des
Abhidhamma, Wien, 1980

[92]

Wikipedia 2009: „(Zotz wirft) ein kritisches Licht auf die bisherige Geschichte der
Beschäftigung mit dem Buddhismus in Europa."

[93] Zotz, Volker; 2000, S.171, a.a.O.

[94]

Bub, Ralf; Der Buddhismus in der westlichen Gesellschaft, Magisterarbeit, 2006,
Universität Freiburg, S.134

Der deutsche Kaiser hatte damals eine anti-buddhistische Einstellung, deshalb sei eine Klostergründung nur im Ausland möglich gewesen.

Diese kam auf der „Island Hermitage" auf Sri Lanka durch den Ehrenwerten Nyānatiloka Mahāthera zustande. Dort seien weniger die traditionellen Meditationsformen des Theravāda geübt worden, sondern es sollte ein Verständnis der Lehre des Buddha durch das Studieren der Texte erfolgen. Dies ist ja auch durchaus in Einklang mit den Pflichten des Mönchsordens.

Das Engagement des Ehrenwerten Nyānatiloka Mahāthera in Sri Lanka sei in der Zeit des ausbrechenden ersten Weltkrieges eine „eminent politische Botschaft" gewesen, die „allerdings nur von wenigen empfänglichen Buddhisten, Reformbewegten und Pazifisten vernommen werden konnte."[95]

Später in der Nazizeit gab es im Vor- und Umfeld Hitlers den Generalfeldmarschall Ludendorf und seine Ehefrau, die beide die antibuddhistische Haltung des Kaisers fortsetzten.

Zotz meint, dass es zwischen den deutschen Buddhisten und den Nationalsozialisten einen „rassistischen Konsens"[96] gegeben hätte. Buddhisten und Nationalsozialisten hätten mit Schopenhauer und Wagner „ein gutes Stück gemeinsamer Tradition."[97]

Wie wir alle wissen, war der Philosoph Schopenhauer einer der ersten deutschen Denker, der sich für den Buddhismus interessierte.[98] Er schreibt in einer autobiographischen Notiz:

---

[95] Zotz, Volker; 2000, S.180, a.a.O.

[96] Zotz, Volker; 2000, S.207, a.a.O.

[97] Zotz, Volker; 2000, S.215, a.a.O.

[98]

„Wollte ich die Resultate meiner Philosophie zum Maaßstabe der Wahrheit nehmen, so müsste ich den Buddaismus den Vorzug vor den anderen (Religionen)

„in meinem 17ten Jahre... wurde ich vom Jammer des Lebens so ergriffen, wie der Buddha in seiner Jugend, als er Krankheit, Alter, Schmerz und Tod erblickte."[99]

Zotz kommt zum Schluss, dass es unter den Buddhisten „wenig exponierte NS Gegner und keine bekannten Widerstandskämpfer"[100] gab. Ein Interesse am oder ein Bekenntnis zum Buddhismus sei „kein prinzipielles Problem"[101] gewesen. Es habe keine Verfolgung von Buddhisten gegeben.

Die Einstellung von Zotz zu unserem Thema lässt sich gut einschätzen. Er kritisiert zum Beispiel Hellmut Heckers Buch „Lebensbilder deutscher Buddhisten" als „nicht im wissenschaftlichen Sinne kritisch bearbeitet" sondern „wertend einer Perspektive der buddhistischen Bewegung (folgend)."[102]

Nachdem ich Sie nun mit den extrem buddhismuskritischen Recherchen von Trimondi und den Ausführungen von Zotz zum Thema Buddhismus und die Nazizeit, soweit sie eben den ursprünglichen Buddhismus betreffen, vertraut gemacht habe, lasse ich nun einige neutrale Quellen und einen

---

zugestehen." Schopenhauer, Arthur; Die Welt als Wille und Vorstellung, Zürich, 1977, II, Kap.17, S. 197. Schopenhauer war wohl dem Theravāda-Buddhismus zugewandt. „Beim Buddhismus hat Schopenhauer die Heilslehre des frühen *kleinen Fahrzeuges* privilegiert." Herbert, Wolfgang; Eine kleine Geschichte des Buddhismus im deutschen Sprachraum im Überflug, Journal of Language and Literature. The Faculty of Integrated Arts and Sciences/University of Tokushima Vol. XIV (Dec. 2006), 107-202
99

Lütkehaus, Ludger; a.a.O., S.43. Und weiter:" Buddha, Meister Eckhard und ich lehren im Wesentlichen das Selbe...." Lütkehaus, Ludger; a.a.O., S.49
[100] Zotz, Volker; 2000, S.210, a.a.O.
[101] Zotz, Volker; 2000, S.212, a.a.O.
102

Zotz, Volker; 2000, S.374, Fußnote 11. Nun, ich selber folge auch wertend der Perspektive der buddhistischen Bewegung. Kritik kann auch zum Fetisch werden, denke ich.

Zeitzeugen zur Geschichte des Buddhismus, den Buddhisten Hellmut Klar, zu Wort kommen, welche die Ausführungen von Trimondi und Zotz relativieren.

Klaus-Joseph Notz schreibt in seiner Dissertation an der Universität München: „Die nationalsozialistische Ära brachte, vor allem nach Ausbruch des Zweiten Weltkrieges, das buddhistische Leben in Deutschland zum Erliegen."[103] „Im Untergrund freilich überlebte die buddhistische Gesinnung die Wirren dieser Zeit und des Krieges."[104]

Martin Baumann schreibt in seiner Dissertation an der Universität Hannover: „Nach der Machtübernahme 1933 erschwerten die Nationalsozialisten die Arbeit der deutschen Buddhisten zusehends. Anfang der vierziger Jahre wurden schließlich alle buddhistischen Aktivitäten verboten."[105] Und weiter: „Die Möglichkeiten von Buddhisten, die während der Nazizeit als Sonderlinge und Pazifisten galten, blieben fast ausschließlich auf Zusammenkünfte in Privatwohnungen beschränkt... Juden, die zum Buddhismus übergetreten waren, wurden verfolgt und zur Emigration gezwungen... Insgesamt kamen die buddhistischen Aktivitäten während der NS-Zeit zum Erliegen."[106]

Dr. Hans Wolfgang Schumann, der Indologe und Angehöriger des Auswärtigen Dienstes der Bundesrepublik Deutschland in Sri Lanka und Burma[107] war, schreibt: „Die Hitler-Zeit (1933-

---

[103] Notz, Klaus-Joseph; 1982, S.74, a.a.O.

[104] Notz, Klaus-Joseph; 1982, S.74, a.a.O.

[105] Baumann, Martin; 1991, S.66, a.a.O.

[106] Baumann, Martin; 1991, S.67, a.a.O.

[107]

Er konnte sowohl den bekannten Meditationslehrer Sayagyi U Ba Khin in Burma als auch Nyānaponika Mahāthera auf Sri Lanka treffen. Quelle: „Buddhismus aktuell", Herausgeber: Deutsche Buddhistische Union, Ausgabe 2/2008, S.71

1945) und der 2. Weltkrieg (1939-1945) fügten dem buddhistischen Leben schweren Schaden zu. Die National-sozialisten beobachteten jegliche religiöse Aktivität mit Misstrauen und begegneten freidenkerischen Zusammen-schlüssen mit unverhohlener Feindschaft. Die Buddhisten (waren) untergetaucht, versuchten zu überleben und hofften auf ein baldiges Ende des Krieges."[108]

Dr. Wolfgang Herbert konstatiert: "Die Nazi-Herrschaft überschattete diese Periode (des Buddhismus)....in düsterer und existenzbedrohlicher Weise."[109]

Markus Hieber sagt im Entwurf zu einer Radiosendung 1999/2000: „Die buddhistischen Gruppierungen wurden in der Nazizeit nicht systematisch verfolgt. Das buddhistische Leben geht nach 1933 kontinuierlich weiter. Rudolf Hess verfügt 1933 einen Erlass, der für eine gewisse religiöse Freizügigkeit sorgt: Kein Nationalsozialist darf irgendwie benachteiligt werden, weil er sich zu einer bestimmten Glaubensrichtung oder Konfession... bekennt. Wenn ein Buddhist weder abstammungsgemäß Jude war, noch regimefeindliche Meinungen äußerte, dann brauchte er keine Verfolgung fürchten... Seitdem Hess (später) in England inhaftiert wurde und nicht mehr seine schützende Hand über die Sekten[110] halten konnte, verschärften sich die Maßnahmen gegen die Buddhisten... Wenn man sich... geschickt anstellte, konnte man als Buddhist den Repressalien der Nazis entgehen."[111]

---

[108] Schuhmann, H.W.; 1974, S.56, a.a.O.
[109]

Herbert, Wolfgang; 2006, a.a.O.
[110]

An dieser Stelle erfolgt keine Differenzierung zwischen Religionen und den von den Nazis als solchen bezeichneten Sekten. Siehe dazu das nächste Statement von Ulrich Steinke und die Aussagen von Helmut Klar auf S.42
[111]

Ulrich Steinke, recherchiert in seiner Magisterarbeit an der Universität Tübingen: „Weder im Bundesarchiv in Koblenz noch in der umfangreichen Kartei des Instituts für Zeitgeschichte in München (gibt) es Hinweise darauf, dass die Buddhisten in die Verfolgung von Sekten miteinbezogen wurden."[112]

Jetzt noch einige Beispiele, wie es Buddhisten während der Nazizeit erging.

Kurt Fischer – ein Schüler Dahlkes – veröffentlichte ab 1930 die Schrift „Buddhistisches Leben und Denken", von der jede Nummer an die NS-Zensur eingeschickt werden musste, aber dann anscheinend herausgegeben werden konnte. Nach der Verhaftung von Hess wurden dann aber weitere Veröffentlichungen wegen angeblichen Papiermangels verboten. Später beschlagnahmte die Gestapo die Bücher.[113]

Andere Buddhisten siedelten sich nach der Machtergreifung der Nazis in der Schweiz an, wie der Verleger Oskar Schloß, dem die Nationalsozialisten das Bankkonto sperrten.[114]

Johannes Hannemann, ein Musiker aus Danzig, ist ein Beispiel dafür, dass man sich als Buddhist während des Nationalsozialismus durchaus von der Politik fernhalten konnte. Als er aufgefordert wurde, der SA beizutreten, setzte

---

Hieber, Markus; Buddhismus in der Nazizeit; Entwurf für einen Beitrag für eine Radiosendung, 1999/2000
112

Steinke, Ulrich; Karl Bernhard Seidenstücker, Leben, Schaffen, Wirken, Magisterarbeit an der Universität Tübingen, 1989, Abschnitt 9.3.4. Buddhismus im Dritten Reich
[113] Hecker, Helmuth; Lebensbilder... I, 2007, S.30-31
114

Hecker, Helmuth; Lebensbilder... II ,2007, S.280 sowie: Chronik des Buddhismus in Deutschland, DBU, 1985, S.14. Dazu Lothar Nestler in www.buddha-dhamma.de „Im Oskar Schloß Verlag erschienen zu der Zeit die meisten buddhistischen Bücher eines Verlages."

er sich als bekennender Buddhist mit einer schriftlichen Bitte erfolgreich dagegen zur Wehr, bat um den gewaltlosen Krankenpflegedienst und wurde dann tatsächlich als Sanitäter eingezogen.[115]

Auch der Journalist und Buddhist Walter Persian, der als Leiter der buddhistischen Gemeinde Deutschlands bezeichnet wurde,[116] hat in der NS Zeit den Kriegsdienst verweigert und wollte sich als Sanitäter zur Verfügung stellen.[117] Er ist dann möglicherweise von den Nazis in Haft genommen worden,[118] auf jeden Fall wurde er nicht eingezogen.
Es war übrigens Persian, der dann später den burmesischen Mönch U Thunanda im April 1948 in Deutschland begleitete. Dies war eine der ersten deutschen buddhistischen Nachkriegsaktivitäten.
In dieser Zeit – kurz nach dem Krieg – gibt es nach Persians Schätzung 1500 Buddhisten[119] in Deutschland. Der Anteil der Theravāda-Buddhisten wird nicht erwähnt.

Etwa parallel dazu 1947/1948 beginnen die sehr verdienstvollen Aktivitäten des Christiani Verlages mit der Herausgabe von Kurt Schmidts „Buddhas Lehre."[120] Dieser Verlag legte dann später zum ersten Mal eine deutsche Übersetzung des Visuddhi Magga vor.

---

[115] Hecker, Helmuth; Lebensbilder ... II, 2007, S.99

[116]

DIE ZEIT, 29.4.1948, „Die Nachfolge Buddhas und die deutschen Buddhisten - ein Bhikkhu pilgert durch Europa"

[117] DIE ZEIT, 29.4.1948

[118] Hecker, Helmuth; Lebensbilder... II, 2007, S.240

[119] Hecker, Helmuth; Lebensbilder ... II, 2007, S.240

[120] Chronik des Buddhismus in Deutschland; DBU, 1985, S.15

Schließlich seien an dieser Stelle die Worte des buddhistischen Zeitzeugen Helmut Klar wiedergegeben.

„Einem Verein wollte man sich in der Nazi Zeit nicht anschließen, weil man befürchten musste, dass die Gestapo eines Tages das Vereinsregister beschlagnahmen konnte."[121]

„Ansonsten war... der Bekennermut der Buddhisten nicht gerade groß. Im Gegenteil, man war sehr vorsichtig...Tarnung war wichtig, auch für Buddhisten."[122]
„Offen bekämpft wurde der Buddhismus während der Nazi-Zeit nur in Einzelfällen... Das Nazi-Regime war darauf bedacht, der Stimmung der Bevölkerung entgegenzukommen und Religionsfreiheit vorzutäuschen. De facto kam es natürlich doch zu zahlreichen Behinderungen der buddhistischen Aktivitäten..."[123]

„Hess, der Stellvertreter des Führers, (hatte) sich zu einem gewissen Grad schützend vor die Sekten (gestellt). Die Nazis hatten offenbar den Buddhismus als Sekte eingestuft."[124]

„Es ist schwer zu eruieren, wie sich die Exponenten der deutschen Buddhisten damals unter dem NS-Regime persönlich gefühlt haben und in welcher Weise sie sich als behindert betrachteten."[125]

„Zusammenfassend kann man feststellen, dass die Verfolgungen der Buddhisten relativ glimpflich verliefen...

---

[121]

Klar, Helmut; Der Buddhismus zur Nazi-Zeit in Deutschland und Frankreich, 1991, DBU, S.2
[122] Klar, Helmut; 1991, S.3, a.a.O.
[123] Klar, Helmut; 1991, S.7, a.a.O.
[124] Klar, Helmut; 1991, S.8, a.a.O.
[125] Klar, Helmut; 1991, S.13, a.a.O.

Man wundert sich, dass nicht noch mehr passiert ist, denn parteikonform oder gar begeistert von der Diktatur war doch niemand."[126]

Soweit die mir vorliegenden Arbeiten zur Situation des Theravāda-Buddhismus während der Diktatur von rechts in der jüngeren Deutschen Vergangenheit.

Weitaus weniger Informationen gibt es zur Situation des Theravāda-Buddhismus während der Diktatur von links im Staatsgebilde der ehemaligen DDR.
Das liegt natürlich zunächst einmal daran, dass Karl Marx Religionen generell als „Seufzer der bedrängten Kreatur" und „Opium des Volks"[127] betrachtete.
Bekanntlich war ja auch das Christentum in der DDR nicht besonders stark. Das kann man bis heute an den Mitgliedzahlen der christlichen Kirchen in den Gebieten der ehemaligen DDR sehen. Der Kommunismus versteht sich primär als eine atheistische Gesellschaftsordnung.

Nun gehört aber der Buddhismus nicht zu den Religionen, die ihr Zentrum in einem Gott oder Schöpfer suchen, wie das Christentum, das Judentum und der Islam. Der Buddha Gotama war ein Mensch. Manche gehen ja soweit zu sagen, der Buddhismus sei keine Religion, er sei eine Philosophie.[128]

---

[126] Klar, Helmut; 1991, S.14, a.a.O.

[127] Aus: Marx/Engels-Werke, Bd. 1, 378ff. (im Internet gefunden)

[128]

So kommt in Sri Lanka ein Bhikkhu und Autor dazu, die Begriffe Buddhismus, Philosophie und Politik im marxistischen Sinne, wie der Übersetzer im Vorwort erklärt, zu verbinden: „Darüber hinaus ist die buddhistische politische Philosophie mit sozialen und politischen Phänomenen verwoben; sie präsentiert Vorschläge für die Lösung sozio-politischer Probleme, ohne dabei die allgemeinen Eigenschaften des menschlichen Geistes als Triebfeder jeder Handlung außer Acht zu lassen, nämlich Taṇhā, Verlangen." Pandit Kamburupitiye Ariyasena Mahāthera; Eine Einführung in die Buddhistische Staats Philosophie, Kandy, 1986, S.2, in: www.theravada-bayern.de/downloads/philos.pdf

Dass mittlerweile der Buddha Gotama sehr oft als ein Gott angesehen wird, steht auf einem anderen Blatt. Es fällt uns scheinbar schwer, Selbstverantwortung zu übernehmen. Dies ist aber genau das, was die Lehre der Buddhas ausmacht.

Wie dem auch sei, ich vermute, dass diese Zusammenhänge in der ehemaligen DDR kaum bekannt waren. Selbst wenn sie bekannt gewesen wären, hätten die Machthaber die Verbreitung des Theravāda-Buddhismus, der auf eine geistige Befreiung zielt, dennoch möglicherweise nicht gerne gesehen, da der Kommunismus ja zunächst auf eine Verbesserung der materiellen Gegebenheiten gerichtet ist.

Karl Marx war der Meinung, dass das Sein – gemeint sind hier die ökonomischen Bedingungen – das Bewusstsein bestimmt.

Der Buddha Gotama sagt jedoch in der Dhammapada: Vom Geist beherrscht, vom Geist gezeugt die Dinge sind – Manopubbaṅgamā dhammā mano-seṭṭhā mano-mayā.[129]

Im Prozess des Bedingten Entstehens, Paṭiccasamuppāda wird als Ursache des Entstehens von Geist und Körper – Nāma und Rūpa – die Unwissenheit, Avijjā angegeben. Welche Unwissenheit? Die Unwissenheit über die Fakten des Leidens,[130] der steten Veränderung und des Nichtvorhanden-

---

129

Buddha Gotama; Dhammapada; a.a.O., S.17 Eine schöne freie Übersetzung ins Englische würde lauten: „mind matters most."
130

Die Übersetzung von Dukkha mit Leiden oder Leidhaftigkeit kann Anlass zu Missverständnissen geben. Der Buddhismus ist nicht pessimistisch, sondern realistisch. Dukkha mit einer freudlosen und düsteren Nuancierung auszustatten, ist daher falsch. Was der Buddha sagt, ist, dass alles – auch die schönsten und angenehmsten – Erfahrungen letztlich unbefriedigend sind, weil sie nicht von Dauer sind. Durch die Identifizierung mit diesen Erfahrungen bringen wir uns daher in

seins eines Ichs oder einer Seele: Dukkha, Anicca und Anattā
– Ti Lakkhaṇa.

Die ökonomischen Bedingungen spielen also im Buddhismus
nicht die zentrale Rolle wie im Marxismus.

Karl Marx selbst war übrigens eng befreundet mit dem
Journalisten Karl Friedrich Köppen.
Dieser teilte die religionskritischen Ansichten von Marx und
schrieb ein Buch mit dem Titel „Die Religion des Buddha und
ihre Entstehung."
Interessanterweise kritisiert Köppen in diesem Buch jedoch
hauptsächlich den – wie er sagt – Lamaismus und nicht den
ursprünglichen Buddhismus. Dem „Lamaismus" bescheinigt
er eine „hyperspekulative Haltung", einen Verlust der
"ursprünglichen Reinheit" und einen „Prozess der
dogmatischen Entwicklung und Entartung."[131]
Der Philosoph G.W.F. Hegel, der Marx stark geprägt hat, war
übrigens bestens über den Theravāda-Buddhismus in-
formiert.[132]

Schwierigkeiten. Das unmittelbare, augenscheinliche Leiden – Schmerzen,
Krankheit und Tod – wird als das doppelte Dukkha – Dukkha Dukkhata – bezeichnet.
Dies ist die Beschreibung von Dukkha durch den Buddha Gotama: „Geburt ist
Dukkha, Verfall ist Dukkha, Krankheit ist Dukkha, Sterben ist Dukkha. Kummer,
Trauer, Trübsinn, Jammer und Verzweiflung sind Dukkha. Vereint sein mit dem, was
wir nicht mögen, ist Dukkha. Getrennt sein von dem, was wir mögen, ist Dukkha. Das
nicht zu erreichen, was man möchte, ist Dukkha. In einem Satz: dieser Körper, der
im Begehren seine Basis hat, ist Dukkha." Buddha Gotama; SN, Mahā Vagga, V,
S.357
131

Köppen, Karl Friedrich; Die Religion des Buddhismus und ihre Entstehung, Berlin,
1859, S.19, 29, und 33
132

So schreibt er: „In Ceylon und im birmanischen Reiche, wo dieser buddhistischer
Glaube wurzelt, herrscht die Anschauung, dass der Mensch durch Meditation dazu
gelangen könne, der Krankheit, dem Alter, dem Tod nicht mehr unterworfen zu
sein..." in: Lütkehaus, Ludger ; a.a.O., S.153

Angesichts dieser Gesamtsituation war es denn wohl auch nicht verwunderlich, dass dem Burmesen U Chan Htoon, der 1961 eine buddhistische Missionsreise in die damalige USSR unternahm, in „Ostdeutschland" keine Buddhisten vorgestellt werden konnten. [133]

Aber schon am 3.10.1950 teilt U Chan Htoon seine Beobachtung mit, dass „westliche Länder sich jetzt nach dem Buddhismus sehnen" [134] würden.

Zum Thema Theravāda-Buddhismus und Politik sagt U Chan Htoon übrigens: „Der Buddhismus ist demokratisch, er macht jedoch keinen Versuch eine klassenlose Gesellschaft zu erreichen, weil er dies wegen der inhärenten Ungleichheiten zwischen den Menschen, die das Resultat des persönlichen Kamma sind, als unmöglich erachtet." [135]

In der Wikipedia ist zu lesen: „Die Faktenlage über die Entwicklung des Buddhismus in der DDR ist äußerst dünn. Es gibt kaum Hinweise in der Literatur über Interesse am Buddhismus oder Strukturen eines organisierten Buddhismus." [136]

Es soll aber kleine, versteckte Meditationsgruppen durch heimliche Kontakte zum Westen gegeben haben.

Zu erwähnen sind weiterhin das Indologische Institut der Universität Leipzig mit wissenschaftlichen Veröffentlichungen und die hohe Zahl von Vertragsarbeitern aus

---

133

Bechert, Heinz; Band I, S.152, a.a.O.

134

The Light of the Dhamma; Vol.1, Nr.1, S.48, Rangoon, 1952. In der selben Ausgabe dieser Zeitschrift wird denn auch davon berichtet, dass die deutsche buddhistische Mission „floriert" (S.78). Hier kann also nur „Westdeutschland" gemeint sein.

[135] U Chan Htoon; Buddhism and the age of science, BPS, S.Lanka, 1981, S.16

[136] Wikipedia, 2009

Vietnam in der DDR. Vietnamesen gehören aber nur zu einem kleinen Teil dem Theravāda-Buddhismus an.

Auf den vorangehenden Seiten habe ich die Stellung des Buddhismus in den Diktaturen von rechts und links in Deutschland geschildert. Jeder kann für sich seine Schlussfolgerungen aus dem Gesagten ziehen.
Ich selber bin schon erstaunt gewesen, wie manche Personen in der Hitlerdiktatur es schaffen konnten, buddhistische Inhalte für sich zu vereinnahmen.
Dabei interessierten sich diese Nazis wohl primär für Inhalte, die im Theravāda-Buddhismus nicht zu finden aber in anderen religiösen Richtungen,[137] z.B. im Mahāyāna und im Hinduismus, vorhanden sind.
Aber oft wurde eben doch alles in einen Topf geworfen, wie wir oben gesehen haben.
Man kann nicht vorsichtig genug sein, wenn man sich mit dem Thema politisches Engagement in Deutschland auseinandersetzt.
Man kann vielleicht sogar zum Schluss kommen, dass es besser ist nichts zu tun, als Fehler zu begehen, die schaden könnten. Darauf kann man natürlich einwenden, dass „nichts tun" bedeutet, für den Status quo Stellung zu beziehen. Diesem Argument begegnet man oft; die meisten werden damit vertraut sein.

Soweit, so gut. Manche werden sagen: soweit, so schlecht.
Das war die deutsche Vergangenheit; aber wir leben jetzt im Jahr 2010.
Wie sieht es heute aus?

137

Auch für Kanonexperten, die erläutern, wann eine Ordination als Bhikkhu nicht möglich ist – zum Beispiel, wenn der Bhikkhu zu einer anderen Religion übergewechselt ist – kommen Mahāyāna und Vajrayāna als „andere Religionen" in Betracht. Dies sei allerdings ein strittiger Punkt. Thānissaro Bhikkhu; The Buddhist Monastic Code, The Pāṭimokkha Rules translated and explained, USA, 2007, II, S.225

Zur Theorie und Praxis des Engagierten Buddhismus in Deutschland heute und der Versuch einer Positionsbestimmung des Theravāda-Buddhismus in dieser Bewegung

Es gibt seit geraumer Zeit die Bewegung des Engagierten Buddhismus. Der Engagierte Buddhismus beansprucht für sich, den Theravāda-Buddhismus mit einzuschließen.[138] Im Jahre 1989 wurde in einem thailändischen Kloster das „International Network of Engaged Buddhists (INEB)" gegründet.

Die Schirmherrschaft für den Theravāda-Buddhismus hatte der Ehrenwerte Buddhadāsa Bhikkhu aus Thailand übernommen.

Die Teilnahme von Theravāda-Buddhisten ist von innovativer Bedeutung, weil „der Theravāda-Buddhismus generell als eine nicht sozial aktive buddhistische Schule angesehen (wird)."[139]

Deshalb werden wir uns jetzt ausführlich damit auseinandersetzen, zunächst was die Entwicklung in Deutschland betrifft.

Gleich zu Beginn einige Begriffsklärungen aus der Dissertation von Mareke Neumann über den Engagierten Buddhismus.[140]

138

Manche Autoren sehen den Engagierten Buddhismus als das vierte Yāna nach dem Hinayāna, dem der Theravāda-Buddhismus zugerechnet wird, dem Mahāyāna und dem Vajrayāna. Siehe dazu: Queen, Christopher; Engaged Buddhism in the West, Boston, 2000, S.21-24. Nach Ansicht der Theravāda-Buddhisten ist der Begriff Hinayāna (geringeres oder kleineres Fahrzeug) lediglich eine Wortschöpfung der Anhänger des Mahāyāna und Vajrayāna.

[139] Tao, Liu; S.13, a.a.O.

140

Neumann, Mareke; Engagierter Buddhismus – eine interkulturelle Orientierung, Dissertation, Universität Bremen, 2005

Es handelt sich hier um eine politikwissenschaftliche Dissertation, deshalb ist es von großer Bedeutung, wenn die Autorin gleich am Anfang den Buddhismus als eine „individuumsbezogene Erlösungslehre" schildert.[141] Sie führt aus, dass es nicht Hauptintention der buddhistischen politischen Theorie und Soziallehre ist, Normen aufzustellen und eine politische Ordnung zu proklamieren.

Wenn es denn überhaupt eine buddhistische politische Ordnung gibt! Alle Regierungsformen sind möglich, wenn sie mit rechtem Verständnis gepaart sind.[142]

Neumann merkt richtigerweise an, dass ungerechte politische Zustände nach der buddhistischen Logik die Folge schlechter vergangener Taten sind.[143] Dies wird aber von Fürsprechern des Engagierten Buddhismus angezweifelt. So ist dort z.b. zu lesen: „Es ist eine überholte Vorstellung, zu behaupten, unser Unglück sei allein Ergebnis persönlicher Verblendung."[144]

---

[141] Neumann, Mareke; 2005, S.25, a.a.O.

[142]

„Im Buddhismus gibt es keinen besonderen Versuch zu beschreiben, wie eine perfekte Gesellschaft aufgebaut werden sollte, z.b. als eine Monarchie, als eine Demokratie, als eine sozialistische oder kommunistische Gesellschaft... all diese vorhandenen Strukturen könnten mit dem richtigen Verständnis funktionieren." Sumedho, 1990, zitiert in: Mareke Neumann; 2005, S.27, a.a.O. Und auch: "Im Buddhismus... gibt es keine immanente soziale Theorie. Dies bedeutet, dass wir nicht in den traditionellen Texten nachschauen können, um Lösungsansätze für Themen zu finden, die in der heutigen Zeit von Bedeutung sind, wie z.b. die Globalisierung des Kapitalismus... Der Buddhismus an sich befürwortet kein bestimmtes ökonomisches System, aber er verwirft... auch nicht ein bestimmtes System." in: Loy, David R.; The Great Awakening, Sommerville, 2003, S.41 und S.86

[143] Neumann, Mareke; 2005, S.28, a.a.O.

[144] Jones, Ken; in: Engagierter Buddhismus Nr.1, 2002, S.27

Neumann geht der sowohl in der Literatur als auch von mir diskutierten Frage nach, ob sich Buddhisten für politische und soziale Veränderungen einsetzen sollten oder nicht.

Es gibt hier oft die Anschauung, dass der sozial engagierte Buddhismus eine Symbiose der westlichen, nach außen gerichteten Mentalität, mit der östlichen, nach innen gerichteten Mentalität, darstellt.[145] Indem man diese Theorie von zwei verschiedenen Mentalitäten im Osten und Westen – im Morgenland und im Abendland – auf die Lehre des Buddha überträgt, gibt man dadurch allerdings dem seit Jahrhunderten in Deutschland verbreiteten Vorurteil, der ursprüngliche Buddhismus **an sich** würde zu Lethargie und Tatenlosigkeit[146] führen, neue Nahrung.

Personen, die der Theravāda Tradition nahe stehen, werden von Neumann als traditionsorientierte Skeptiker bezeichnet und haben folgende Einstellung: „Das vorrangige Ziel des Buddhismus ist nicht eine stabile Ordnung oder eine gerechte Gesellschaft, sondern das Verwirklichen von wahrer Freiheit (oder Erwachen) jeder einzelnen Person."[147]

Der Begriff Freiheit hat genauso wie der Begriff Nicht-Ich, Nicht-Seele, Anattā im Theravāda-Buddhismus eine andere Sinnbedeutung als die Konzepte Freiheit und Personalität/ Person, wie sie in der Politikwissenschaft z.B. bei der

---

145

Eugster, Jörg; Reise in den Westen, Buddhismus im Okzident - ein Überblick, Ursache & Wirkung, 14.Jg, Nr.49, 2004, S.15

146

Ludger Lütkehaus spricht von der Gleichung Buddhismus/ Quietismus. Quietismus ist ursprünglich ein Begriff aus der christlichen Theologie. Dieses Vorurteil ist nach meiner Erfahrung ein Hindernis dafür, sich überhaupt mit theravāda-buddhistischer Meditation zu befassen.

147 Smith; in: Neumann, Mareke; 2005, S.33, a.a.O.

Beschreibung der Menschenrechte gebraucht werden.[148] Sie widersprechen sich aber nicht.

Als Vorläufer des Engagierten Buddhismus sieht Neumann für die Länder des Theravāda den Ehrenwerten Walpola Rahula und A.T. Ariyaratne aus Sri Lanka sowie den Ehrenwerten Buddhadāsa Bhikkhu aus Thailand. Ich werde noch auf diese Personen zu sprechen kommen.

Die sogenannten Modernisten würden sich als Gegensatz zu den traditionsorientierten Skeptikern sehen und bemängeln, dass „der historische Buddhismus nicht sozial interessiert sei und deshalb einer Neuinterpretation bedürfe."[149]

Fünf **Essentials** gibt es nach Neumann bei allen Vertretern des Engagierten Buddhismus.[150]
Zunächst nennt er Karunā, Mitgefühl. Karunā ist eine der vier göttlichen Verweilungszustände, Brahmavihāra.[151] Im Visuddhi Magga werden diese „göttlichen Verweilungszustände" unter den insgesamt vierzig Methoden der Konzentrationsmeditation, Samādhi oder Sammlung aufgelistet.

Für den Ehrenwerten Nyānaponika Mahāthera sind die vier „göttlichen Verweilungszustände die großen Beseitiger von

---

148

Siehe dazu: Seeger, Martin; Theravāda Buddhism and Human Rights, Perspectives from Thai Buddhism, in: Meinert, Carmen; Zöllner, Hans-Bernd; Buddhist Approaches to Human Rights; Bielefeld, 2009, S.91. Wie populär das Thema „Menschenrechte im buddhistischen Kontext" ist, sieht man etwa daran, dass 2010 an der Univ. Stuttgart ein Seminar zu: "Komparative Ethik: Der Buddhismus und die Menschenrechte" angeboten wird.

[149] Neumann, Mareke ; 2005, S.41, a.a.O.

[150] Neumann, Mareke; 2005, S.42, a.a.O.

151

Buddha Gotama, DN, I, Tevigga Sutta, , PTS, London, 2002, S.298; Buddhagosa Thera, Visuddhi Magga; 1975, S.338, a.a.O.

Spannungen, große Friedensstifter in sozialen Konflikten, große Heiler von Wunden, die man sich in dem Existenzkampf zugezogen hat."[152] „Sie geben... eine Antwort bei allen Situationen, die aus sozialem Kontakt erwachsen."[153]

An anderer Stelle werden diese heilsamen geistigen Einstellungen als nützlich bei der „Vorbereitung zur Achtsamkeit des Einatmens und des Ausatmens"[154] also der Atmungsachtsamkeitsmeditation, Ānāpāna Sati benannt.

Dies führt zum nächsten Begriff, den Neumann benennt, die „soziale Achtsamkeit" in Anlehnung an den meditationsgeprägten Begriff Sati.

Sati kann man mit Achtsamkeit, Aufmerksamkeit oder sich vergegenwärtigen, sich erinnern übersetzen. Er hat als Merkmal das Nicht-Entgleitenlassen und das Festhalten.[155]
Sati ist einer der sieben Erleuchtungsfaktoren und hat eine herausragende Bedeutung im meditativen Weg zum Erwachen.

Die anderen sechs Erleuchtungsfaktoren sind übrigens: Energie, Glücksgefühl, Ruhe des Geistes, Konzentration, Gleichmut und Erforschung des Dhamma.[156] Es wird gesagt, dass man von diesen sechs zuletzt genannten durchaus

---

152

Nyānaponika Mahāthera; The Four Sublime States, BPS, Sri Lanka, 1998, S.3. In diesen Worten findet man eine deutliche psychologisch therapeutische Komponente. So ist denn auch der bekannte Sozialpsychologe Erich Fromm ein großer Bewunderer von Nyānatiloka Mahāthera gewesen.

[153] Nyānaponika Mahāthera; 1998, S.3, a.a.O.

[154] Sayagyi U Chit Tin; 1999, S.68, a.a.O.

[155] Darlegung der Bedeutung – Atthāsalinī, a.a.O; S. 220

156

Buddha Gotama, DN, III, Sangīti Sutta, S.235, PTS, London, 2002 und Piydassi Thera; The Seven Factors of Enlightenment, BPS, Sri Lanka, 1960, S.2

manchmal quantitativ zu viel haben kann, zum Beispiel führt zuviel Energie dann zu Ruhelosigkeit oder zu viel Gleichmut zu Schlaffheit, was dann einen ausgewogenen Fortschritt in der Meditation behindert.

Sati demgegenüber kann man nie zu viel haben. Achtsamkeit ist immer und in jeder Quantität gut.

Dann benennt Neumann das „non-dualistische Prinzip", d.h. die universelle Verbundenheit aller Lebewesen. Die Engagierten Buddhisten wollen damit sagen, dass „alles mit allem" und „jeder mit jedem" in Verbindung steht. Dieses Konzept hat ihren Ursprung im Mahāyāna.

Es stellt sich hier die Frage, ob diese Aussage durch deutsche Übersetzungen der Mettā Bhavanā, der Meditation zur Ausstrahlung von liebevoller Güte, bestätigt wird. Dort heißt es nämlich: „...überall in allem sich wiedererkennend durchstrahlt er die ganze Welt mit liebevollem Gemüte..."[157]

Der Ehrenwerte Nyānatiloka Mahāthera übersetzt im Visuddhi Magga die Mettā Bhavanā gleichfalls wie folgt: „In allem sich wiedererkennend bedeutet: alle Wesen, niedrige, mittlere, erhabene, Feinde, Freunde, Gleichgültige usw., wie sein eigenes Ich betrachtend, d.h. alle sich selbst gleichsetzend, ohne zu untersuchen, ob dieser oder jener ein fremdes Wesen sei."[158]

Es wird hier das Pāli Wort Sabbattatāya[159] wiedergegeben. „Überall in allem sich wiedererkennend" ist hier eher eine freie Umschreibung dieses Wortes, eine Paraphrase.

---

[157] Zum Beispiel in: www.palikanon.de, Majjhima-Nikāya, 40

[158] Buddhaghosa Thera; Visuddhi Magga, a.a.O., S.352

[159]

(Auch: Sabbatthatāya) Pali-English Dictionary: „on the whole", also „im Ganzen", Pali-English Dictionary, PTS, London, 1997

Der Ehrenwerte Bhikkhu Nanamoli sagt dazu im Englischen „equally"[160]; also gleichermaßen, in gleicher Weise. Prof. Warder, ein Pāli Experte, benennt unter anderem die Bedeutungen „nicht diskriminierend, sich selbst in die Situation des anderen versetzend."[161]

Es wird also wohl weniger das Konzept, dass alles mit allem und jeder mit jedem in Verbindung steht, ausgedrückt, sondern eher eine Aufforderung, bei der Entwicklung der Meditation zur Ausstrahlung von liebevoller Güte, die andere Person vorurteilsfrei wahrzunehmen, so wie sie ist und ohne sie zu bewerten.[162]

So kommt denn auch Prof. Schmithausen zu dem Schluss, dass „...die Idee einer gegenseitigen Abhängigkeit, wechselseitigen Verbindung und wechselseitigen Beziehung, hier und jetzt, aller Dinge und Lebewesen in den kanonischen Texten des frühen Buddhismus nicht ausgedrückt zu sein (scheint)...Gelegentliche Beschreibungen des Einflusses von sittlichem Handeln auf die externe Welt, der wiederum unausweichlich Auswirkungen auf den einzelnen Menschen hat, sind noch weit entfernt von (der Existenz) einer universellen gegenseitigen Beziehung."[163]

In der Theorie von der universellen Verbundenheit aller Lebewesen wird das bedingte Entstehen, Paṭiccasamuppāda „die Lehre von der Bedingtheit aller das sogenannte

---

[160] Buddhaghosa Thera; Visuddhi Magga, a.a.O. , S.334

[161] Warder, A.K.; Introduction to Pali, PTS, London, 1984, S. 412

[162]

Der Ehrenwerte Anālayo Bhikkhu benennt eine Lehrrede der Buddha Gotama, in der dieser die Anschauung „alles ist eins" als ein Extrem zurückweist. (Anālayo Bhikkhu; a.a.O., S.262)

[163]

Prof. Schmithausen, Lambert (Universität Hamburg), in: Journal of Buddhist Ethics 4 (1997)

individuelle Dasein ausmachenden körperlichen und geistigen Phänomene,"[164] auf den „größeren Bereich der Handlungen und Strukturen"[165] der Konsumgesellschaft ausgeweitet, um damit unter anderem den sogenannten Konsumismus zu erklären.

Neumann führt in diesem Zusammenhang die Kategorie: „Abkehr vom westlich geprägten Konsumerismus"[166] ein. Gleich komme ich darauf zurück.

Als viertes und fünftes **Essential** benennt Neumann die Notwendigkeit des Tätigseins und die Gewaltfreiheit.

Neumanns Dissertation versucht aus politwissenschaftlicher Sicht „zu überprüfen, inwieweit die Gedankenwelt des Engagierten Buddhismus mit pluralistischen Gesellschaftmodellen in Kongruenz zu bringen"[167] ist.

Nun, das ist ja auch die Intention dieses Aufsatzes hier. Wir leben in einer pluralistischen Gesellschaft in Deutschland und ich möchte herausfinden, ob ein politisches Engagement für Theravāda-Buddhisten hier sinnvoll und erstrebenswert ist, zum Wohle von uns selbst und zum Wohle der anderen Menschen in dieser Gesellschaft.

164

Nyānatiloka Mahāthera; Buddhistisches Wörterbuch, S.162, a.a.O., siehe dazu auch: Buddha Gotama; DN, II, Mahānidāna Sutta, PTS, London. Der Buddha Gotama beschreibt dort, wie durch die Unwissenheit über das bedingte Entstehen in einer gegebenen Person Aggressionen entstehen können und es zur erneuten Wiedergeburt kommt.

165

Watts, Jonathan; Paṭiccasamuppāda im Konsumismus, in: Buddhismus und Wirtschaft, Band 2, Hanau, S. 96

[166] Neumann, Mareke; 2005, S.43, a.a.O.

[167] Neumann, Mareke; 2005, S.163, a.a.O.

In einer anderen wissenschaftlichen Arbeit, der Diplomarbeit „Buddhismus im Westen – neue Impulse für die Sozialarbeit" von Uwe Müller wird ebenfalls festgehalten: „Nach buddhistischer Auffassung kann eine Gesellschaft sich nur dann nachhaltig ändern, wenn sich die Menschen wandeln, die diese bilden."[168]

Und weiter: „Der Buddhismus geht davon aus, dass im Prinzip **sämtliche** unheilsamen Auswüchse unserer Gesellschaft wie Kriege und Revolutionen ihre Ursache im Besitz- und Machtstreben der Menschen haben, welche wiederum aus der Verteidigung eines nicht vorhandenen Ichs herrühren und aus dem Kampf gegen das Gesetz der Vergänglichkeit."[169] Das ist eine schöne Zusammenfassung der drei Merkmale Anicca, Dukkha und Anattā in einer sozialpädagogischen Arbeit. [170]
„So versuchen praktizierende Buddhisten zuerst ihren Geist zu schulen, und helfen **dann** anderen. Soziales Engagement ist für Buddhisten **Folge** ihrer Praxis."[171]

Müller vergleicht dann die buddhistische Mettā, liebevolle Güte, mit den Kategorien des bekannten Psychotherapeuten Carl Rogers „einfühlendes Verstehen" und „positive Wertschätzung."[172] Er kommt zu dem Schluss, dass, „sowohl Buddhismus als auch Sozialarbeit nichts mit einem Rückzug

168

Müller, Uwe; Buddhismus im Westen – neue Impulse für die Sozialarbeit, Fachhochschule Bremen, 1994, S.89

[169] Müller, Uwe; 1994, S.90, a.a.O.

170

Eine andere schöne Beschreibung lautet: "Die Illusion eines inhärenten Ich-Selbst erzeugt fortwährend Kreisläufe leidvoller Selbstinszenierung." Vogd, Werner; Vipassanā: Annäherung an ein westliches Verstehen eines buddhistischen Erkenntnisweges. Ethnopsychologische Mitteilungen 6 (2) S.107-131, 1997

[171] Müller, Uwe; 1994, S.95, a.a.O.

[172] Müller, Uwe; 1994, S.98, a.a.O.

aus der Welt in eine Utopie zu tun haben, sondern den mutigen Schritt in die Wirklichkeit erfordern."[173]

Es gibt auch eine wirtschaftswissenschaftliche Studienarbeit, die den Zusammenhang zwischen Buddhismus und innovativem Unternehmertum erforscht. Dort wird bezweifelt, dass der Buddhismus seine Kraft für unternehmerisches Handeln nutzen kann, weil dieser im Ruf einer Aussteigermentalität im Sinne eines Abtauchens aus den Turbulenzen des modernen Kapitalismus steht.[174]

Dies muss aber nicht unbedingt der Fall sein. In dem Singālovāda Sutta[175] beschreibt der Buddha Gotama genau, wie sich ein Unternehmer zu verhalten habe.
Ein Viertel des Profits solle er genießen, zwei Viertel als Investition benutzen, um die Geschäfte fortzuführen und ein Viertel solle er für schlechte Zeiten zurücklegen.
Auch in dem Paṭhamapāpaṇika Sutta[176] und dem Dutiyapāpaṇika Sutta[177] werden unternehmerische Kategorien dargestellt: geschäftstüchtige Strebsamkeit, gewinnorientiertes kaufmännisches Geschick, gute Einschätzung der Marktlage und Kreditwürdigkeit.

Aber nicht nur wissenschaftliche Arbeiten liegen in Deutschland vor, auch hiesige Buddhisten haben sich schon

---

[173] Müller, Uwe; 1994, S.112, a.a.O.
[174]

Musiolik, Joerg; Buddhismus und innovatives Unternehmertum, Studienarbeit, Universität Marburg, 2002, S.19
[175] Buddha Gotama; DN, III, Singālovāda Sutta, S.173, PTS, 2002, London
[176]

Buddha Gotama; AN, I, S.109, Die Lehrreden des Buddha aus der Angereihten Sammlung, übersetzt von Nyānatiloka Mahāthera, Aurum Verlag, Freiburg, 1984
[177] Buddha Gotama; AN, I, S.110, a.a.O.

ausführlich mit dem Thema Engagierter Buddhismus beschäftigt.

Zu erwähnen ist primär das „Netzwerk engagierter
Buddhisten" mit ihrem Sprecher Franz-Johannes Litsch, die
Freunde des Westlichen Buddhistischen Ordens (FWBO)[178]
und Alfred Weil, seit dem Jahr 2003 Ehrenrat der Deutschen
Buddhistischen Union.
Litsch, der insbesondere den Thesen von Victor und Victoria
Trimondi energisch widerspricht, möchte einen Engagierten
Buddhismus fördern und sagt, „dass der Weg des Buddha
zwar immer bei uns selbst beginnen muss aber nicht bei uns
selbst enden kann, sondern nur in der Befreiung und im
Erwachen aller."[179]

178

Der Begründer der FWBO ist der ehemalige Theravāda Mönch Sangharaskshita. „Die
Freunde des Westlichen Buddhistischen Ordens (FWBO) sind ein internationales
Netzwerk, das sich zur Aufgabe gesetzt hat, die buddhistische Lehre in zeitgemäßer
Form anzubieten." in: www.fwbo.de. Weiter schreibt Martin Baumann (in: Queen,
Christopher; Engaged Buddhism in the West, S.372-387) über die FWBO: „(Der Orden)
möchte die Gesellschaft verändern – die alte Gesellschaft in eine neue." „Die FWBO
versuchen dem Buddhismus eine up to date Form zu geben, die den westlichen
Bedingungen entspricht." Die Mitglieder nehmen zehn Gebote und erhalten die
Bezeichnung Dharmachari oder Dharmacharina, „in diesem Sinne sind sie weder
Mönche noch Laien." „Sangharaskshita zielt darauf hin, eine Alternative zu der
Unterscheidung zwischen Mönchen und Laien zu entwickeln." „Im modernen
Westen stellen die Freunde des Westlichen Buddhistischen Ordens den rechten
Lebenserwerb, der in den asiatischen buddhistischen Texten wenig Bedeutung
hatte, ganz in die Nähe des Zentrums der Bewegung." Sangharaskshita wurde „sehr
tief durch seine tibetanischen Lehrer beeinflusst" (Alan Sponberg; TBMSG, A
Dhamma Revolution in Contemporary India, in: Queen, Christopher; Engaged
Buddhism, Buddhist Liberation Movements in Asia, New York, 1996, S.85). Für den
Indologen Dr. Freiberger sind die FWBO ein Beispiel für einen „integrativen
Buddhismus", in dem die verschiedenen Richtungen verschmelzen und der
Engagierte Buddhismus eine übergreifende religiöse Rechtfertigung findet.
(Freiberger, Oliver; The meeting of Traditions, Inter-Buddhist und Inter-Religious
Relations in the West, Journal of Global Buddhism, Vol.2, 2001) Ein großer Zweig der
FWBO ist in Indien unter dem Namen TBMSG herangewachsen.

179 In: www.buddhanetz.de, 2009; „Dharma", „Was ist engagierter Buddhismus?"

Im Theravāda-Buddhismus kann jedoch jeder, der es anstrebt, das Nibbāna sehr wohl erreichen, ohne dass **alle anderen** notwendigerweise das Nibbāna vorher oder nachher erreichen. Das Zitat von Litsch nimmt daher eher Bezug auf ein Konzept des Māhāyana.

Litsch selber sieht auch die enge Verwobenheit des Engagierten Buddhismus zum Mahāyāna: „Das soziale und humanitäre Engagement des Buddhismus in den deutsch sprechenden Gebieten entstand mit dem Erscheinen der tibetischen buddhistischen Lehrer im Westen... Die Mehrzahl der humanitären Bemühungen unter engagierten Buddhisten in den deutsch sprechenden Gebieten beinhaltet jene, die durch tibetanische Lehrer und tibetanische, buddhistische Organisationen für Tibet angeboten werden."[180]

In diesem, unserem Weltzeitalter gibt es nach Anschauung der Theravāda-Buddhisten fünf lehrende Buddhas[181] – Buddha Gotama war einer von ihnen – währenddessen es eine viel größere Anzahl von **nicht lehrenden Buddhas**[182] gab

---

180

Litsch, Franz-Johannes; Engaged Buddhism in German - speaking Europe, in: Queen, Christopher; Engaged Buddhism in the West, Boston, 2000, S.430 und S.434

181

In Pali: Sammā Sambuddha. Der Buddha Gotama war der vierte lehrende Buddha in unserem Weltzeitalter nach Kakusandha, Koṇāgamana und Kassapa (DN, II, Mahāpadāna Sutta, S.5, PTS, London, 2002) Der fünfte und letzte Buddha wird der Buddha Ariya Metteyya sein. Bei ihm wird Anstrengung, Viriya zentral sein. Die Dauer seiner Vorbereitungszeit beträgt mehr als 16 unermessliche Weltzyklen. Der Bodhisatta Ariya Metteyya fing mit seiner Vorbereitung schon vor dem Buddha Gotama an. Ein unermesslicher Weltzyklus entspricht einer „Eins, gefolgt von 140 Nullen" (Sayagyi U Ba Khin; a.a.O., S.74). Dies wird dann nach der Beendigung unserer jetzigen Buddha Sāsana in etwa 2440 Jahren die letzte Möglichkeit in diesem unserem Weltzyklus sein das Nibbanā zu realisieren.

182

In Pali: Pacceka Buddha; Im Pali Kanon gibt es Ausführungen über das Leben von Pacceka Buddhas in dem Khaggavisāna Sutta (Nashorn Sutta) in: Buddha Gotama, Sutta Nipāda, KN, übersetzt von Nyānaponika Mahāthera, Christiani Verlag, Konstanz, 1977, S.40; Neuauflage beim Verlag Beyerlein und Steinschulte, Stammbach; weiterhin im Abhidamma Piṭaka, Puggala Paññatti, 29, „Der

und geben wird. Dies einmal abgesehen von jenen Menschen, die das vollständige Erwachen – Arahatschaft – erreicht haben und die auch entweder lehren oder aber nicht lehren.

Auch der Buddha Gotama war anfänglich nicht geneigt, die Lehre zu verkünden, weil er sah, dass dies eine mühsame Angelegenheit werden würde. Erst nach dreimaligem Ersuchen des Brahmā Sahampati entschloss er sich, doch zu lehren, weil er feststellte, dass es Wesen gab, die wenig Befleckungen hatten. (in: Vinaya Piṭaka, Mahā Vagga, Brahmayācanakathā.)

Wir treffen hier wieder auf die bereits oben erwähnte „ neue vertiefte Einsicht" in die Lehre von Paṭiccasamuppāda als globale Vernetztheit aller Wesen und Phänomene, die im Theravāda – wie ich oben bereits erklärt habe – in dieser Form so nicht vorkommt.

Ein anderer Autor geht in der aktuellen Tagespolitik so weit, dass „das durch das globale Finanzsystem erzeugte Elend" durch „die rechte Erkenntnis des Abhängigen Entstehens" beseitigt werden müsste, weil „die Menschen über das Geld in der Wirtschaft alle miteinander vernetzt (sind)."[183]

Litsch möchte zudem „den Buddhismus durch einen zentralen Inhalt des Christentums erweitern" und damit einer „planetarischen Verwirklichung von Buddhaschaft"[184] näher kommen.

Einzelerleuchtete"; zu finden in: www.palikanon.com weiterhin in den Jātaka Geschichten; Buddha Gotama; The Jātaka, a.a.O.
[183]

Brodbeck, Karl-Heinz; Finanzkrise: Im Netz der gegenseitigen Abhängigkeit, in: Tibet und Buddhismus, Heft 88, 2009, S.54. Auch Prof. Brodbeck ist nach eigenen Worten stark beeinflusst durch „Belehrungen, die (er) auf Retreats oder bei Vorträgen vor allem von Lehrern des tibetanischen Buddhismus erhalten" hat (Brodbeck, Karl-Heinz; Buddhistische Wirtschaftsethik, Aachen, 2002, S.173).
[184]

Dieser Inhalt ist dem Theravāda-Buddhismus fremd.

Er sagt auch: „Als grundlegend für den Buddhismus bleibt jedoch, dass es keine an irgendein Ende kommende Verwirklichung irgendeines Zieles gibt, dass es auch kein fassbares Ziel gibt, das erreicht werden könnte..."[185]

Im Theravāda-Buddhismus jedoch ist das Ziel durch den Buddha sehr wohl genau bestimmt, das ist nämlich das Nibbāna.

Der Buddha benutzt das Gleichnis des Floßes, das man ja auch zurücklässt und nicht mitnimmt, wenn man den Fluss überquert hat. Genauso gibt es den Edlen-Achtfachen-Pfad um das Ziel zu erreichen, nicht zum Beibehalten.[186] Das Floß ist das Mittel, um das andere Ufer, das Nibbāna, zu erreichen. Das Floß selbst ist jedoch nicht das andere Ufer.

Kritiker des Engagierten Buddhismus werfen dann auch dieser Strömung vor, das Floß mit dem Ziel zu verwechseln und „neuartige Interpretationen der buddhistischen Lehre (zu produzieren), die sich auf weltliche Aspekte und Gründe für das Leiden (konzentrieren)."[187]

---

in: www.buddhanetz.de, 2009; „Texte zum engagierten Buddhismus", „Engagierter Buddhismus im deutschsprachigen Raum." Es wird hier Thich Nhat Hanh aus Vietnam mit der Vermutung zitiert, dass der kommende Buddha "möglicherweise nicht in Gestalt eines einzelnen Menschen sondern in Gestalt einer großen spirituellen Gemeinschaft, einer Saṅgha, in der Welt erscheinen wird." Im Theravāda-Buddhismus jedoch ist in allen Einzelheiten die Geburt des kommenden Buddha Metteyya als einzelne Person dargelegt. Siehe dazu: Sayagyi U Chit Tin; The Coming Buddha Ariya Metteyya, BPS, Sri Lanka, 1992

[185] in: www.buddhanetz.de, 2009

[186] Buddha Gotama; MN, I, Alagaddūpama Sutta, S. 167, PTS, London

[187]

Deitrick, James E.; Engaged Buddhist ethics – mistaking the boat for the shore; in: Queen, Christopher; Action Dharma, London, 2003, S. 259

Weiterhin sagt Litsch: „In Buddhas Lehrreden...wurde bisher keine einzige Rechtfertigung für Gewaltausübung gefunden. Begriffe wie Heiliger Krieg oder Kreuzzug, ja selbst Kampf gegen das Böse sind dem Buddhismus unbekannt."[188] Und dann sehr schön: „....die Überwindung der Gewalt ist die Überwindung meiner Gewalt. Nur ich selbst kann die Wurzeln der Gewalt in mir überwinden."[189]

An anderer Stelle heißt es in derselben Zeitschrift von einem Mitglied des FWBO: „Auf einen engagierten Buddhismus, der sich in sozialem Aktivismus verliert, kann die Welt gut verzichten."[190]

Ich komme jetzt auf den sogenannten Konsumismus zurück. Was ist darunter zu verstehen? Engagierte Buddhisten bezeichnen die „Religion des Konsumismus (als) jenen Wahn mit seinen Werbeschriften als Liturgien, die ausufernder Gier gewidmet sind, und seinen Supermarkt-Kathedralen, wo wir angehalten werden, Dinge zu kaufen, die wir weder brauchen noch wirklich wollen."[191]

Dieser Konsumismus oder Konsumerismus wird teilweise sogar in einem Atemzug mit dem Faschismus und dem Stalinismus genannt, ja als „die hartnäckigste Verirrung der

188

Litsch, Franz Johannes; Der Beitrag des Buddhismus zur Überwindung der Gewalt, in: Engagierter Buddhismus, Gelbe Reihe, Heft 3, Hanau, 2002/2003, S.3. Dies ist im Christentum vielleicht anders. „Wohl nirgends auf der Welt ist für eine göttliche Sache mehr Blut geflossen als für den Gott des Christentums." Titschack, Hans; Christentum – Buddhismus, ein Gegensatz, Wien, 1980, S.76

[189] Litsch, Franz Johannes; 2002/2003, S.8, a.a.O.

190

Dhammaloka; Helft euch selbst, das ist die beste Hilfe, in: Engagierter Buddhismus, Nr.2, Hanau, 2002/2003, S.11

191

Dhammacharia Ratnaghosa; in: Engagierter Buddhismus, Gelbe Reihe, Hanau, 2004/05 Heft 7, S.6

drei"(!), der „seine Faszination über die ganze Welt (er-streckt).‟[192]

Diesem Konsumismus oder Konsumerismus wird nämlich eine manipulative Funktion zugeschrieben. „In der Ökonomie des freien Marktes ist die Produktion nicht auf die Befriedigung des wahren Bedarfs ausgerichtet, sondern auf die Erhöhung des wirtschaftlichen Gewinns, was ja bedeutet, dass die menschlichen Wünsche ganz fein manipuliert und durch ein Angebot ausgeweitet werden müssen, welches den Profit steigert.‟[193] Dies schreibt der Ehrenwerte Bhikkhu Bodhi, ein amerikanischer Theravāda Mönch.[194]

Prof. Dr. Brodbeck spricht in diesem Zusammenhang über den Neoliberalismus als irrationale Leidenschaft und sieht die Finanzkrise im Jahre 2007/2008 als vierten Götterboten im Buddhismus.[195]

Die Begegnung mit den Fakten des Alters, der Krankheit und des Todes – die sogenannten Götterboten – und dann auch der Anblick eines zufriedenen Asketen hilft bekanntlich allen Bodhisattas dazu, den entscheidenden Schritt zu tun, dem

---

192

Gunkel, Horst; Maraismus, in: Buddhismus und Wirtschaft, Reihe sozial und ökologisch engagierter Buddhismus, Band 2, Hanau, o. Jg., S.45
193

Bhikkhu Bodhi; Wege in die Zukunft, 2007, S.17, Theravāda-Netz der DBU, München. Merkwürdigerweise taucht auch in einem neueren Werk über die Aktualität der Werke von Julius Evola im Zeitalter der Globalisierung auch der Begriff Konsumismus auf, der durch die „Eliten der Weltfinanz‟ gefördert würde. Carlo Terracciano; Revolte gegen die moderne Weltordnung, Straehlen, 2007, S.26.
194

Der Ehrenwerte Bhikkhu Bodhi stimmt der gängigen Anschauung, dass Theravāda und Māhāyana ja im Grunde nur kulturelle Unterschiede der Lehre des Buddha ausdrücken, voll zu. So schlägt er vor, dass Theravāda-Buddhisten ein Jahr in einem Māhāyana Kloster verbringen könnten, um sich auf diese Weise mit der zentralen Doktrin des Māhāyana vertraut zu machen. „to widen the mind‟: Vortrag vom 29.5.2009, recorded live on Upstream
195

Dem schließt sich Sulak Sivaraksa aus Thailand an. Siehe: Sivaraksa, Sulak; The Wisdom of Sustainability, Hawaii, 2009, S.9

Familienleben zu entsagen und in die Hauslosigkeit zu ziehen.
Prof. Brodbeck ergänzt nun Alter, Krankheit und Tod mit der „aktuellen Finanzkrise."[196] Diese sei entstanden, weil das Prinzip „mehr Geld" dominiert.

Der Buddha hat zwar – so verstehe ich es – sehr wohl Lobha, die Gier, kritisiert; nie jedoch den rechtmäßig erworbenen Konsum oder Gebrauch von schönen, angenehmen, wertvollen oder teuren Waren oder Dienstleistungen.
Dieser Konsum geht dann nicht notwendigerweise mit einem Gierfaktor einher und braucht darum auch nicht immer in einen übertriebenen Konsumismus zu münden.

Zu Lebzeiten des Buddha Gotama hatten zwei der drei reichsten Laienpersonen im Königreich Magadha, König Bimbisāra und der Kaufmann Anāthapindika das Erwachen, das Nibbāna erreicht. Sie waren Sotāpannas, in den Strom eingetreten. Auch Mutter Visākhā, die wie der Kaufmann Anāthapindika dem Buddha ein großes Kloster erbaute und demnach über beträchtliche Mittel verfügen musste, war eine Sotāpanna.
Keiner von uns, die wir möglicherweise Lichtjahre von einer solchen Errungenschaft entfernt sind, wird ihnen Konsumismus vorwerfen wollen oder können.

Dazu: "Im Buddhismus erfährt das Nichthaften an materielle Güter eine Wertschätzung. Der Buddhismus fördert die Tugend, weniger Bedürfnisse zu haben, dies aber ist nicht dasselbe wie zur Armut zu ermutigen... Reichtum muss auf rechtschaffene Weise erworben werden, durch eigene

---

196

Brodbeck, Karl-Heinz; Fachhochschule Würzburg, Die Finanzkrise als Götterbote, in: Ursache und Wirkung, Heft 66, 2008, S.42-43

Anstrengung und ohne unsittliche und ausbeuterische Mittel."[197]

Eine weitere sehr reiche Person im Königreich war der Schatzmeister Jotika, der in einem Haus lebte, das aus Juwelen und wertvollen Steinen erbaut war. Es wird in den Texten darauf hingewiesen, dass dieser Reichtum einzig aufgrund guter Taten in der Vergangenheit existierte. Der König war nicht in der Lage, diesen Reichtum an sich zu reißen und dieser verschwand, nachdem sich Jotika entschlossen hatte Mönch zu werden.[198]

Das Gewahrsein von Anicca, Dukkha und Anattā ist also nicht unbedingt gleichbedeutend mit Konsumverzicht.

Etwas salopp kann man sich auf Deutsch wie folgt ausdrücken: „Die jedem Artikel innewohnende Anfälligkeit kaputtzugehen (Vergänglichkeit) enthüllt die Unmöglichkeit, bleibende Zufriedenheit zu schaffen (Dukkha)..."[199]

Erst die Anhaftung, Taṇhā, an Dinge, Personen, Theorien etc. ist es, die uns leiden lässt, nicht das reine Vorhandensein angenehmer Personen oder Objekte.

Dies kann man wunderbar in der Paṭiccasamuppāda nachlesen, wo erst durch unsere ungeschickte Reaktion auf angenehme oder unangenehme Stimuli – Vedanā – ein Problem entsteht und dann Taṇhā ins Spiel kommt.

Wenn wir die Fähigkeit entwickeln, nicht auf diese Stimuli zu reagieren, entsteht auch kein Taṇhā. Also nicht die angenehmen oder unangenehmen Stimuli, z.B. das Vorhanden-

---

[197] Loy, David R.; The Great Awakening, Sommerville, 2003, S.55 und S.58

[198] Buddhist Legends; Dhammapada Commentary, Teil 3, PTS, London, 1979, S.313

[199] Watts, Jonathan; Paṭiccasamuppāda im Konsumismus, in: Buddhismus und Wirtschaft, Band 2, Hanau, S.88

sein und der Gebrauch von Konsumgütern, sind das Problem, sondern unsere Anhaftung daran.

Um mit E.F. Schuhmacher zu sprechen: „Nicht Reichtum steht der Befreiung im Wege, sondern die Bindung an ihn, nicht die Freude an angenehmen Dingen, sondern das Verlangen nach ihnen"[200]
Schuhmacher, der im Jahre 1955 ökonomischer Berater in Burma war, beschreibt als einer der ersten Wirtschaftwissenschaftler, dass Rechter Lebenserwerb ein integraler Teil des Edlen-Achtfachen-Pfades des Buddha ist.
Mit dem Schlagwort „small is beautiful" kritisiert er dann jedoch den „modernen Materialismus", der sich von einer „buddhistischen Wirtschaftslehre… stark unterscheiden muss, da sich nach den Buddhisten das Wesen der Kultur nicht in der Vervielfachung von Bedürfnissen findet, sondern in der Läuterung des menschlichen Wesens."[201]

Wenn natürlich „die Vorstellung, dass Konsum der Schlüssel zum Glück" ist, vorherrscht und „Glücklichsein mit dem Erwerben von Reichtum und dem Warenkonsum (gleichgesetzt wird), "[202] kommen wir in eine Schieflage, die im Satz: „Ich konsumiere, also bin ich"[203] gipfeln kann.

Der Ehrenwerte Bhikkhu Bodhi warnt vor einer „Kultur des Narzissmus, in welcher jede Person davon besessen ist, ihren eigenen Status, Reichtum, Position und Macht… zu maximieren."[204]
Ob es dann aber eine gute Idee ist, „zur Lösung dieser Aufgabe… die erfahrbare Dimension des Nibbāna auf eine Weise

---

zu untersuchen, die nicht starr an die spezifischen Prinzipien buddhistischer Tradition gebunden ist"[205] wie es der Ehrenwerte Bhikkhu Bodhi vorschlägt, weiß ich nicht.

Eine sehr ausgewogene Haltung zum Thema Engagierter Buddhismus nimmt Alfred Weil, Ehrenvorsitzender der Deutschen Buddhistischen Union, ein. Er stellt die provozierende Frage: „Buddha – Sozialarbeiter oder spirituelles Genie?"[206]
An seinen Texten ist zu erkennen, dass er keinen Zweifel daran hat, dass der Buddha Gotama ein spirituelles Genie war. Vielmehr ist diese Überschrift für ihn die Einleitung zu fast genau derselben Fragestellung, die ich mit dem Titel dieser Exploration gewählt habe.
Alfred Weil fragt: „Sind die Buddhisten pro oder contra sozial-politisches Engagement?" und gibt gleich die Antwort: „Es gilt zwischen Weltflucht und Weltverbesserungssucht eine goldene Mitte zu finden."[207]

Er spricht von einem „spirituellen Zugewinn"[208] eines ethisch korrekten Verhaltens, das ja der Buddha Gotama in vielen Reden bis in die Einzelheiten dargelegt hat. Der eigene Geist würde dadurch stiller und klarer werden.

Ich möchte in diesem Zusammenhang dazu den Ehrenwerten Webu Sayādaw aus Burma/Myanmar erwähnen. Er stand in dem Rufe, das vollkommene Erwachen, die Arahatschaft erreicht zu haben[209] und hat immer wieder darauf hinge-

---

[205] Bhikkhu Bodhi; 2007; S.22, a.a.O.

206

Weil, Alfred; Buddha – Sozialarbeiter oder spirituelles Genie, in: Connection – spezial. 1/2004

[207] Weil, Alfred; 2004, S.1, a.a.O

[208] Weil, Alfred; 2004, S.3, a.a.O

[209] Mendelson, Michael; Saṅgha and State in Burma, Cornell Univ. Pr., 1975, S.144

wiesen, dass es ohne Sīla (Sittlichkeit, ethisch korrektes Verhalten) keinen Fortschritt in der Meditation geben könne.[210]

Auch die Lehrreden des Buddha Gotama, die den Zusammenhang zwischen Sīla und dem Fortschritt auf dem Weg zum Erwachen beschreiben, geben dies so wieder.

Alfred Weil deutet vorsichtig einen schwachen Punkt an, der ja den Theravāda-Buddhisten immer wieder vorgeworfen wird: „Für jemanden, der zeitlebens nur an das eigene Fortkommen gedacht hat und eigennützig und rücksichtslos war, wäre es ein enormer Fortschritt, endlich einmal für andere die Ärmel hochzukrempeln." [211]

Auch sein Verständnis von Kamma ist eindeutig, was man von anderen Vertretern des Engagierten Buddhismus nicht sagen kann. „Jedes Welterlebnis, jede Erfahrung, jedes Geschehnis ist das Ergebnis eigenen Wirkens (Karma)."[212] [213]

210

"Sie haben sittliches Verhalten, Sīla auf sich genommen. Jetzt, da sie die Vervollkommnung der Sittlichkeit, Sīla Pāramī anstreben, sollten sie diese bestmöglich erfüllen. Nur wenn sie diese im höchsten Ausmaß erfüllen, können sie ihre hohen Ziele erreichen. Dann werden sie jetzt und in der Zukunft glücklich sein." Webu Sayadaw; Selected Discourses, translated from the Burmese by Bischoff, Roger, IMC Heddington, 2003, S.43

[211] Weil, Alfred; 2004, S.3, a.a.O.

212

Weil, Alfred; Buddhismus, Schritte in den Westen, Schritte im Westen, Verlag Beyerlein und Steinschulte, Stammbach, 2005, S.11

213

In dem Visuddhi Magga wird ausgeführt, dass es vier Ursachen für unsere körperlichen Empfindungen gibt. Zunächst einmal vergangenes Kamma – das sind unsere absichtliche, willentliche Taten, Worte und Gedanken. Die zweite Ursache ist unser gegenwärtiger Geisteszustand mit insgesamt 89 Bewusstseinszuständen – Cittas, von denen aber nur die kusala und die akusala Cittas Kamma produzieren. (siehe dazu: Nārada Mahā Thera, Manuals of Abhidhamma, a.a.O., S.15) Schließlich noch die klimatischen Bedingungen und die zugeführte Nahrung. – Kamma, Citta, Āhāra, Utu. (Buddhaghosa Thera; Visuddhi Magga, Kapitel XIX, S.716, a.a.O.) Auch zu finden in: Darlegung der Bedeutung – Atthāsalinī, a.a.O.;S.166

Alfred Weil warnt vor der Verweltlichung der Religion als Extrem, die sich dann „nicht selten auf soziale und karitative Aktivitäten" beschränken würde und am Ende „zum bloßen Politikersatz"[214] wird.

Aber: „Persönliches spirituelles Wachstum und soziales Engagement schließen sich... nicht aus, stille Meditation oder innere Abgeschiedenheit und tatkräftiges Handeln sind keine Gegensätze... Die heutige buddhistische Praxis versteht sich nicht individualistisch oder gar egozentriert, sondern bezieht die öffentliche Dimension ein."[215] [216]

Die Zielsetzung im Theravāda-Buddhismus ist das Erreichen des Nibbāna für den, der dies anstrebt, d.h. Freiheit von Lobha, Dosa, und Moha – Gier, Hass, und Verblendung.

Der Ehrenwerte Ledi Sayādaw[217] führte hierzu aus, dass es zu Lebzeiten des Buddha Gotama möglich war, durch das Hören eines einzigen Verses oder aber einer Erklärung eines Verses Sotapatti, den Stromeintritt zu erlangen, wie es z.B. bei den Ehrenwerten Mahā Sāriputta und Mahā Moggalāna geschah. Personen, denen dieses schnelle Auffassen des Dhamma gelingt, gibt es jetzt nicht mehr, sagte er. Er führt aus, dass es in unserer Zeit lediglich Personen gibt, die Tage, Monate und Jahre praktizieren müssen und die auf diese Weise das Nibbāna erreichen und dann solche, die obwohl sie dies tun,

---

[214] Weil, Alfred; 2005, S.13, a.a.O.

[215] Weil, Alfred; 2005, S.29, a.a.O.

216

Prof. Karl-Heinz Brodbeck macht ein interessantes Statement: „Man kann auch inmitten des Lärms die Stille hören", in: Buddhismus interkulturell gelesen; Nordhausen, 2005, S.101. Das könnte vielleicht ein Kommentar für all jene sein, die befürchten, dass sich ihre Meditation im Falle gesellschaftlichen oder politischen Engagements wesentlich verschlechtern könnte.

217

Ledi Sayadaw; The Manuals of Buddhism, Union Buddha Sāsana Council, Yangon, 1965, S.165-166

69

dennoch das Nibbāna in diesem Leben nicht erreichen und so lediglich an ihren Vervollkommnungen, Pāramī[218] arbeiten.

So hat auch der Buddha Gotama in unzähligen Leben nicht nur meditiert, sondern auch ganz praktisch mit Mitgefühl und Weisheit zum Nutzen der Lebewesen, denen er begegnete, gehandelt und auf diese Weise an seinen Pāramī gearbeitet. In den Jātaka Geschichten ist dies wiedergegeben.[219]
Wir können dies als Inspiration für einen Engagierten Buddhismus im täglichen Leben benutzen und auf diese Weise etwas für unsere eigenen Pāramī tun.

Es besteht eine Wechselwirkung zwischen der Arbeit an der eigenen Einsicht und der Hilfestellung für andere. Der Buddha Gotama sagte: „Indem man sich selbst schützt, schützt man die Anderen; indem man die Anderen schützt, schützt man sich selbst."[220]

Die wissenschaftliche Forschung unserer Zeit berichtet ebenfalls: „Wer gut zu anderen ist, dem geht es auch selbst besser....wenn wir uns um das Wohl anderer kümmern, werden im Kopf Hormone wie Opioide und Oxytocin ausgeschüttet."[221]

Aber schon 1953 warnte Nyānaponika Mahāthera: "Heutzutage wird soziale Aktivität sehr betont und man

---

218

Die zehn Pāramī/Vervollkommnungen sind: Freigebigkeit/Dāna, Sittlichkeit/Sīla, Entsagung/Nekkhamma, Wissen/Paññā, Willenskraft/Viriya, Geduld/Khānti, Wahrhaftigkeit/Sacca, Entschlusskraft/Adhiṭṭhānā, Güte/Mettā und Gleichmut/Upekkhā. The Minor Anthologies of the Pāli Kanon, KN; Part II, Buddhavamsa, PTS, 1975, London, S.20-23

[219] Buddha Gotama; The Jātaka; 1981, a.a.O.

[220] Buddha Gotama; SN, V, Sedaka Sutta, S.149, PTS, London

[221] Der Spiegel 37/2010, S.91/92

könnte versucht sein, nur den zweiten Satz zu zitieren – indem man die anderen schützt, schützt man sich selbst. Ein solches einseitiges Zitieren würde die Meinung des Buddha nicht richtig wiedergeben."[222]

Der Ehrenwerte Bhikkhu Bodhi sagt richtigerweise: „Obgleich Theravāda-Buddhismus die unausweichlich persönliche Natur des höchsten Zieles betont, würden wir bei sorgsamer Überprüfung der Suttas oder Lehrreden des Buddha erkennen, dass dem Buddha die Probleme, welchen die Menschen im sozialen Umfeld ihres Lebens begegnen, deutlich bewusst waren."[223]

Für Laienschüler ist Rechter Lebenserwerb Teil des Weges zum Ziel und gleichzeitig auch eine Möglichkeit, das Leiden im sozialen Umfeld ihres Lebens, d.h. in der Gesellschaft zu lindern.

Rechter Lebenserwerb kann auch durchaus mit einer exponierten gesellschaftlichen und politischen Stellung einhergehen.
Durch den größeren Einfluss, den man so hat, kann man noch mehr zum Wohle der Gesellschaft und somit der Mitbürger beitragen.

222

Nyānaponika Mahāthera; Right Protection, in: The Light of the Dhamma, Vol. II, Nr.1, S.10, Rangoon,1953

[223] Bhikkhu Bodhi; 2007, S.8, a.a.O.

Politik und Buddhismus in Laos, Thailand, Myanmar/Burma, Sri Lanka und Kambodscha

Wir haben bis jetzt die Deutsche Vergangenheit unter dem Aspekt von Politik und Theravāda-Buddhismus beleuchtet und haben dann den Engagierten Buddhismus in Deutschland, so wie er sich heutzutage in den Forschungsarbeiten und aus der Sicht einiger Repräsentanten darstellt, geschildert.

Um zu einem vollständigen Bild zu kommen, möchte ich jetzt auf die *historische* und teilweise auch die *aktuelle* Situation in den fünf Theravāda-Ländern[224] Laos, Thailand, Myanmar/ Burma, Sri Lanka und Kambodscha eingehen, und zwar soweit das Thema Politik und Buddhismus in diesen Ländern für uns hier in Deutschland Anregungen geben kann.

Das absolute Standardwerk zu diesem Thema hat der Indologe Heinz Bechert in drei Bänden mit über 1400 Seiten geschrieben.[225] Obwohl es jetzt schon über 40 Jahre alt ist, enthält es viele nach wie vor gültige Statements und Forschungsergebnisse. Deshalb werde ich jetzt ausgewählte

---

224

In Indien ist ja der ursprüngliche Buddhismus hauptsächlich in den historischen Orten Bodhgaya, Sarnath, Lumbini – jetzt Nepal –, Kushinagar, Savatthi, Nālāndā sowie in Igatpuri und teilweise in der TBMSG/FWBO Bewegung vorzufinden. Auch sind Millionen Personen aus der hinduistischen Kaste der Unberührbaren durch den Sozialreformer Dr. Ambedkar zum Buddhismus konvertiert. Jetzt sind knapp ein Prozent der Bevölkerung in Indien Buddhisten. Zu Dr. Ambedkar schreibt Bechert in Band I: „(Dabei) geht (es) Dr. Ambedkar nicht um die Erlösung, das ursprüngliche Anliegen des Buddhismus." (S.57) „Dr. Ambedkar war der Meinung, die Mönche, die ihre Tage in Meditation und Faulheit verbrachten, hätten ihre wesentliche Mission, zu lehren und zu dienen, verfehlt." (S.77) „Für Dr. Ambedkar sind die Mönche politische und soziale Diener und Führer des Volkes... ." (S.78)

225

Bechert, Heinz; Buddhismus, Staat und Gesellschaft in den Ländern des Theravāda Buddhismus, Institut für Asienkunde Hamburg, 1966/67

Zitate aus diesem Buch vortragen. Diese beleuchten die *historische* Situation der Theravāda-Länder.

Sie können die Ausführungen prüfen und auf sich wirken lassen.

„Unerfreuliche politische Zustände sind wie unerfreuliche Einzelschicksale Folgen des schlechten Karmas, also früherer böser Taten derjenigen, die darunter zu leiden haben."[226]

„Es ist eine selbstverständliche Konsequenz der Lehren des Buddha…, dass dem Buddha eine politische Wirksamkeit fernlag und dass er sie auch bei seinen Mönchen nicht wünschte."[227]

„Krieg[228] ist nach der Lehre des Buddha grundsätzlich sinnlos; er bringt keine echte Lösung von Problemen und verursacht nur neuen Hass…"[229]

---

[226] Bechert, Heinz; Band I, S.4, a.a.O.

[227] Bechert, Heinz; Band I, S.5, a.a.O.

[228] Es gibt die irrwitzigsten Begründungen in Theravāda Ländern für den Einsatz der Armee und dem damit verbundenen Töten von Menschen. So hat mir ein hoher Offizier in einem Land, das ich jetzt nicht benennen möchte, erläutert, dass das erste der fünf Sittengebote des Buddha, nämlich nicht zu töten, für die Armee des Vater/Mutterlandes „nicht gültig" sei. Im Übrigen würden ja Soldaten nicht sterben und falls sie doch sterben sollten, kämen sie nicht in die Hölle! So weit ist es also gekommen.
Der Buddha Gotama hat genau das Gegenteil gesagt. Er hat ausgeführt, dass ein aktiver Soldat nach dem Tod in der Hölle wiedergeboren wird, weil sein letzter Geistesmoment vor dem Tod negativ ist, akusala, da er ja den Tod seiner Feinde herbeisehnt. Dies gilt auch für einen Verteidigungskrieg. Buddha Gotama, SN, IV, S.217, PTS, London, 1980 und Schmithausen, Lambert; Aspects of Buddhist Attitude to War, S.48, Leiden, 1999
Bechert schreibt über die Regierung U Nu in Burma: „So musste die Regierung den Kampf gegen die Rebellen damit rechtfertigen, bei der Tötung von Aufständischen handle es sich nicht um eine Angelegenheit von religiöser Bedeutung, sondern einfach um eine politische Notwendigkeit." (Bechert, Heinz; Band II, S. 173).

[229] Bechert, Heinz; Band I, S.6, a.a.O.

„Die konservative Haltung des Buddha... zeigt auch, dass es nicht angeht, ihn als Sozialreformer zu betrachten... Es lag dem Buddha... fern, etwa zu einer Änderung der Gesellschafsordnung aufzurufen."[230]

„Im Theravāda-Buddhismus war stets der Grundsatz anerkannt, dass an der vom Buddha verkündeten Lehre und Ordenssatzung, wie sie in den Schriften des Pāli Kanons überliefert sind, nichts geändert werden dürfe."[231]

„...die Buddhisten Ceylons und Burmas (sind) davon überzeugt, dass ihre Nationen eine besondere religiöse Sendung zu erfüllen haben."[232]

„Bestrebungen... die europäische Überfremdung zu bekämpfen und die überlieferte Religion und Kultur wieder zu beleben... kann als buddhistischen Modernismus[233] bezeichnet werden."[234]

„Für viele Vertreter des buddhistischen Modernismus ist die buddhistische Lehre nicht in erster Linie die Abkehr von der irdischen Welt, sondern eine Aufforderung zu einer verbesserten Umgestaltung der Welt... Teils wird die Karma

---

230

Bechert, Heinz; Band I, S.8, a.a.O. Dem stimmt der Übersetzer der PTS, T.W. Rhys Davids im Kommentar zu seiner Übersetzung zu. DN, I, PTS, London, 2002, S.96

[231] Bechert, Heinz; Band I, S.19, a.a.O.

[232] Bechert, Heinz; Band I, S.27, a.a.O.

233

Gombrich verwendet an dieser Stelle den Begriff „Protestantischer Buddhismus", der aus dem „Protest" gegen das Christentum entstanden ist. Gombrich, Richard; S.178, a.a.O. Eine andere Bezeichnung ist „Neobuddhismus". Hier kommt dann das Phänomen der „politischen Mönche" ins Spiel. Wir haben schon ausgeführt, dass „politische Mönche" wohl große Probleme haben werden, ihre Aktivitäten mit den Regeln der Vinaya in Einklang zu bringen. Es kommt aber auf die Definition von Politik an.

[234] Bechert, Heinz; Band I, S.37, a.a.O.

Lehre einfach ignoriert, teils in willkürlicher Entstellung der buddhistischen Lehre werden die sozialen Entwicklungen ausdrücklich als vom Karma unabhängig bezeichnet... Nun muss freilich erwähnt werden, dass in gewissen alten Texten das Karma als eine der Bedingungen für die Gestaltung des Daseins neben anderen aufgeführt wird. Darauf haben einige zeitgenössische Autoren die Begründung für die Theorie aufgebaut, das Karma sei nicht die Ursache aller äußeren Lebensumstände eines Individuums. Ob dieser Schluss aus den Texten berechtigt ist, kann hier dahingestellt bleiben."[235]

„Der buddhistische Modernismus Thailands unterscheidet sich vor allem auch dadurch von dem Ceylons und Burmas, dass er – von ganz wenigen Ausnahmen abgesehen – keine sozialrevolutionären Theorien entwickelt hat."[236]

„Gerade, weil die buddhistische Lehre für die politische und soziale Gestaltung der Welt zwar allgemeine ethische Normen vorschlägt, im Einzelnen aber keine bestimmten Vorstellungen bietet, konnten sich die Buddhisten grundsätzlich mit den verschiedensten politischen und gesellschaftlichen Systemen befreunden." [237]

„So haben nationalistische und sozialistische Lehren im Denken der Bewegung, die man als politischen Buddhismus bezeichnen kann, eine große Bedeutung."[238] „...(deren) Hauptziele (richten sich)... a) gegen die in der Kolonialzeit entstandenen Strukturen b) gegen ausländische kapitalistische Unternehmungen im Lande c) gegen verwestlichte Kreise, die mit den Kolonialmächten eng zusammengearbeitet hatten d) gegen christliche Missionen

---

[235] Bechert, Heinz; Band I, S.40, a.a.O.

[236] Bechert, Heinz; Band I, S.67, a.a.O.

[237] Bechert, Heinz; Band I, S.109, a.a.O.

[238] Bechert, Heinz; Band I, S.113, a.a.O.

und Kirchen[239] e) gegen die Einwanderer, die von den neuen Strukturen profitiert hatten."[240]

Politologen sehen *aktuell* (Oktober 2010) drei Formen von politischen Regimen in den Theravāda-Ländern der Regio Südostasien.
Die elektorale Demokratie in Thailand, das elektoral-autoritäre Regime in Kambodscha und die autoritären Regime in Laos und Myanmar/Burma. Elektoral soll hier bedeuten, dass Regierungsämter durch kompetetive Wahlen bestellt werden und so eine Demokratie ermöglicht wird. [241]

Laos

Nach Angaben des Statistischen Bundesamtes lebten am 31. Dezember 2008 843 Laotische Bürger in Deutschland. Ungefähr 70 % bis 80 % der Laoten gehören dem Theravāda-Buddhismus an. Es gibt ein Laotisches Kloster in Deutschland.[242] Das Neujahrsfest wird jedes Jahr in der Stadthalle in Ketsch in beeindruckender Weise und unter der Leitung von mehreren Theravāda Mönchen gefeiert. Ich schätze die Teilnehmerzahl auf weit über Tausend aus ganz Europa. Ich selber konnte bereits fünf Jahre daran teilnehmen.

239

Weiter schreibt Bechert dazu: „Unter den buddhistischen Völkern hat die christliche Mission bekanntlich nie sehr große Erfolge verzeichnen können." (S.113) Das ist bis heute zum Glück so geblieben. Es darf aber an dieser Stelle nicht verschwiegen werden, dass die christlichen Hilfsprogramme in der Entwicklungsarbeit zum Teil mit sehr viel mehr Elan durchgeführt werden, als die Programme von buddhistischen Trägern.

[240] Bechert, Heinz; Band I, S.114, a.a.O.

[241] Bünte, Marco; Myanmar und die Wahlen; in : Focus Asien, Nr.34, Essen, 2010

[242] Wat Siboungheuang, 69904 Altlußheim; www.wat-sibounheuang.de

Wie ist die Situation in Laos im Moment?

„Durch den Bruch von knapp sechs Jahrhunderten Königreich zum sozialistischen Staat ist die Auseinandersetzung mit der eigenen Geschichte in Laos schwierig. Die formale sozialistische Orientierung des Landes (ist) gemischt mit der... buddhistischen Prägung. Die Laotische Regierung nutzt die Laotische Kultur – vor allem buddhistische Rituale – als sozial integrierendes und Nationalidentität stiftendes Element."[243]

Eine Zielsetzung in der Laotischen Gemeinwesenarbeit ist es – so ein relativ aktueller Bericht – buddhistische Weisheit in die Sozialarbeit einzubringen und so zu lernen, wie man buddhistische Werte in nachhaltiger kommunaler Entwicklung anwenden kann. Es soll die Fähigkeit erworben werden, kommunale Organisationsstrukturen mit lokalem Personal aufzubauen, um auf diese Weise Projekte mit einem buddhistischen Ansatz durchzuführen.[244]

Geschichtlich gesehen hat „die Beziehung zwischen dem Buddhismus und der Politik...tiefe historische Wurzeln... Es wurde erwartet, dass der König als Dhammarāja auf der Basis buddhistischer moralischer Prinzipien regiert... Die Mönche hatten offizielle Funktionen bei Staatsangelegenheiten, berieten die Könige und spielten oft eine führende Rolle bei der Lösung von politischen Krisen... Die Beziehung zwischen der Monarchie und dem Saṅgha war eng und beruhte auf Gegenseitigkeit."[245]

---

[243] Landeskundliche Informationsseiten (LIS), www.inwent.org
[244]

Ladwig, Patrice; Applying Dhamma to Contemporary Society: Socially Engaged Buddhism and Development Work in the Lao PDR, 2006, in: Juth Pakai, Issue 7, 2006, S.22
[245]

Der Buddhismus war die Staatsreligion und der König von Laos sein Protektor. Es wurde angenommen, dass der König über viele Leben hinweg höchste Verdienste erworben hatte, die er jetzt noch ausbaute. Der König „nahm die Konzepte des gerechten Königs – Dhammarāja – und universellen Herrschers – Cakkavatti – ernst."[246]

Durch die französische Besetzung wurde jeglicher politischer Einfluss des Buddhismus auf die Politik beendet, und französisches Recht wurde etabliert. Nach der Besetzung durch Japan wurde Laos im Jahre 1945 zum ersten Mal unabhängig. Im Jahre 1954 erlangte Laos dann die vollständige Souveränität auch von Frankreich.

Am 2. Dezember 1975 übernahmen die Pathet Lao die Macht. „In politischen Seminaren wurde den Mönchen klar gemacht, dass Buddhismus und Sozialismus beide die prinzipielle Gleichheit aller Menschen lehrten...der Buddha sei sozial und progressiv gewesen...er sei ein großer Mann gewesen, so wie Marx und Lenin."[247]
Die Kommunisten versuchten, die Herzen der einfachen Leute zu gewinnen, indem sie auf den Buddhismus eingingen. Sie kannten die Empfindungen des Volkes gut, da sie oft in ihrer Jugend Mönche gewesen waren.[248]
Dieser Opportunismus der Kommunisten nahm unterschiedliche, wechselnde Formen an, um an der Macht zu

---

Stuart-Fox, Martin; Laos, From Buddhist Kingdom to Marxist State, New York, 1999, S.153
246

Grabowski, Volker; Buddhism, power and political order in the pre-twentieth century Laos, S.137 in: Harris, Ian; Buddhism, Power and Political Order, New York, 2007
[247] Lafont, 1982, und Becker; 1979, zitiert in: Stuart-Fox, Martin; S. 161, a.a.O
248

Diese Faktenlage habe ich aus einem Vortrag von Alois Payer entnommen: Soziale und politische Aspekte des Theravādā Buddhismus, 1996 (auf der Internetseite von Alois Payer)

bleiben. Die Pathet Lao versuchten zu Beispiel, die Bezeichnung als kommunistische Bewegung zu vermeiden und sahen sich als „nationale Befreiungsbewegung, die das Land, die Religion, den König und die Verfassung verteidigt."[249]

„Alle Mönche mussten am Unterricht in politischer Erziehung teilnehmen, damit sie die Inhalte ihrer Vorträge an die Laienschüler dementsprechend gestalten konnten... Mönche, die verdächtigt wurden Antikommunisten zu sein, wurden festgenommen, und es gibt Berichte, dass eine Anzahl von ihnen hingerichtet wurde."[250]

Die jüngere Entwicklung ist dergestalt, dass der Buddhismus wieder einen großen Teil der sozialen Position, die er zeitweise verloren hatte, zurückgewinnt.

„Der Buddhismus erfährt eine neue Popularität, obwohl der Saṅgha unter der engen Kontrolle der Partei ist."[251] Buddhisten müssen sich parteikonform verhalten, um nicht in die gleiche Situation zu geraten, wie die Christen, die als Agenten der USA gesehen werden „mit der Mission, die Demokratisierung des Landes zu betreiben."[252]

Offizielle Laotische Sprecher schätzen den Wert der buddhistischen Lehre, die über das Spirituelle hinaus auch eine produktive Rolle in der Gesellschaft spielen kann.[253]

Es ist traditionell so, dass von jedem führenden Laotischen Politiker ein Bekenntnis zum Buddhismus erwartet wird; die Politiker bemühen sich darum, als religionsfreundlich zu gelten und versuchen, die Mönche für sich zu gewinnen.[254]

---

[249] Bechert, Heinz; Band II, S.295, a.a.O.

[250] Stuart-Fox, Martin; S.164-165, a.a.O.

[251] Stuart-Fox, Martin; S.169, a.a.O.

[252] www.opendoors-de.org

[253] Bericht aus: Ladwig, Patrice; S.17, a.a.O.

[254] Bechert, Heinz; Band II, S.295, a.a.O.

Viele Mönche, die sozial engagiert sind, sehen ihre Aufgabe darin, den Laienschülern moralische Unterstützung zu geben und soziale Aktivitäten im Sinne von Sozialarbeit auszuüben, um so das Leiden der Menschen zu reduzieren. Dies wird als eine legitime Ausweitung der traditionellen Rolle eines Bhikkhu gesehen. Der buddhistische Saṅgha mit ihrem eng geknüpften Netzwerk hat in Laos ein großes „soziales Kapital."[255]

Aber nicht alle Mönche sind davon überzeugt, dass diese weltlichen Dinge zu den Aufgaben des Mönchsordens zu zählen sind. Sie ziehen es vor, sich auf das Lernen und Lehren des Dhamma zu beschränken und Abstand zu sozialen und politischen Gegebenheiten zu bewahren.[256]
Die jüngeren Mönche waren in der Vergangenheit – und sind auch jetzt – oft nicht sehr regierungsfreundlich eingestellt, und äußerten die Ansicht, „die Beamten der neuen Führungsschicht hielten an...religiösen Überlieferungen nur äußerlich und aus politischen Erwägungen fest."[257]

Thailand

Nach Angaben des Statistischen Bundesamtes lebten am 31. Dezember 2008 54580 thailändische Bürger in Deutschland. Über 90% der Thailänderinnen und Thailänder gehören dem Theravāda-Buddhismus an. Es gibt mindestens 42 thaibuddhistische Zentren in Deutschland, der Schweiz und Österreich (Stand 2010), davon haben viele eine eigene Internetseite.[258]

---

[255] Ladwig, Patrice; S.19, a.a.O.
[256] Bericht aus: Ladwig, Patrice; S.13, a.a.O.
[257] Bechert, Heinz; Band II, S.298, a.a.O.
[258]

Der größte Anteil der Thailändischen Bürger in Deutschland sind eingeheiratete Thailänderinnen.[259]

Thailand ist das einzige Land in Südostasien, das nie unter der Fremdherrschaft eines westlichen Koloniallandes zu leiden hatte.[260] Der Theravāda-Buddhismus wurde demnach weniger durch christliche Missionsversuche beeinflusst als andere Länder in Südostasien.
So konnte Thailand seine eigene Identität über die Jahrhunderte zu einem gewissen Maß bewahren.[261] Das Erziehungssystem und die wirtschaftliche Entwicklung

Dies sind unter anderem: Wat Tai (Buddhistisches Zentrum), Nürnberg; Wat Bodhi Dhamm, Frankfurt/Main; Wat Buddha, Augsburg; Wat Buddha Frankfurt, Raunheim; Wat Buddha Apawatthanaram, Ludwigshafen; Wat Buddhapiyawaram, Dreieich; Wat Buddhabharami, Hamburg; Wat Buddhavihara, Berlin; Wat Buddharama, Berlin; Wat Dhammabharami, Dortmund; Wat Dhammaniwasa, Aachen; Wat Dhammapala, Kandersteg; Wat Dhammavihara, Hannover; Wat Katanyutaram, Kiel; Wat Pah Anālayo, Windeck; Wat Pah Purittataram, Gießen; Wat Puttabenjapon, Langenselbold; Wat Somdej, Losheim; Wat Duddha Stuttgart, Waldenduch; Wat Buddhadhamma, München; Wat Thai Munich, München; Siht Wat Thazung, Wiesbaden; Wat Buddhamongkolwararam, Gross-Krotzenburg; Waldkloster Muttodaya, Stammbach; Wat Buddha Vipassana, 56653 Wassenach; Wat Pah Bodhi-Dhamm e.V., Berlin; Thai-Buddha, Hamburg; Wat Santiwararam, Offingen; Wat Dhammanuphap, Wülfrath; Wat Buddha Nordrhein - Westfalen, Moers; Wat Phutta, Köln; Wat Srisuttaram, Lautertal; Wat Sangkhavihara, Stuttgart; Wat Buddhanantharam, Sinsheim; Wat Phra Dhammakaya Bavaria, Königsbrunn; Wat Buddha Bodensee, Langenargen; Wat Thepwongsaram, Nürnberg; Santhi Dhamma Vihara, Köln-Deutz; Wat Sanghathan, Berlin; Wat Srinagarindravasraram; CH Gretzenbach; Wat Swiss Khemraram, CH Pery-Reuchenette,; Wat Yarnsangvorn, Wien
259

In einem soziologischen Projekt der Universität Bielefeld über Heiratsmigration, das davon ausgeht, dass „sowohl Frauen als auch Männer als soziale Akteure zu sehen (sind), die zur Verfolgung ihrer Ziele frei und verantwortungsbewusst handeln können," wird das Klischee der thailändischen Frau als „Opfer" relativiert. Die angebliche Opferrolle würde in Deutschland eine „Legitimation für eine restriktive Immigrationspolitik" liefern und zudem die „Finanzierung von Beratungsstellen sichern." Ruenkaew, Pataya; Heirat nach Deutschland, Motive und Hintergründe thailändisch-deutscher Eheschließungen, Frankfurt, 2003, S.311, S.334
260

Swearer, Donald; Centre And Periphery: Buddhism and Politics in Modern Thailand, 1999, S. 195
261 Swearer, Donald; a.a.O., 1999, S.195 ff

wurden dennoch stark durch Europa und die USA beeinflusst.[262] Man braucht dann auch nicht schönzureden, dass sich – zumindest in den großen Städten – die sexuelle Prostitution extrem ausgeweitet hat und auch der Alkoholkonsum üblich geworden ist. Die fünf Sittengebote, Pañca Sīla, die das Minimum an ethischem Verhalten für die Laien festlegen, beinhalten jedoch das „Verbot"[263] des Ehebruchs[264] – das beinhaltet laut dem Kommentar zur Dhammasaṅgaṇi unter anderem die Prostitution[265] – und des

---

262

„Unter den Ländern des Theravāda Buddhismus hat lediglich Thailand seit dem Ende des zweiten Weltkrieges ständig eine Politik der Freundschaft mit den Weltmächten, insbesondere mit den Vereinigten Staaten, betrieben." (Bechert, Heinz; Band I, S.191). Es verdient an dieser Stelle die wenig bekannte Tatsache Erwähnung, dass unter den Truppen der „coalition forces" der USA im „war against terror" im Irak auch thailändische Soldaten waren. Diesmal ist ja der Feind im amerikanischen Dauerkrieges als selbsternannte Weltpolizei (siehe: Bacevich, A.; Washington Rules: Amerikas Path to Permanent War, NY, 2010) keine buddhistische Bevölkerung. Das war im sogenannten Vietnamkrieg anders.

263

Verbote gibt es eigentlich im Buddhismus nicht. Es gibt nur Handlungen, die heilsam oder geschickt und Handlungen, die unheilsam oder ungeschickt sind in Bezug auf das Erreichen von Nibbāna. Diese Handlungen werden kusala und akusala genannt. Vom Wortstamm her bedeutet kusala „das Niedrige ins Wanken bringen" (**kucchitānaṃ salana**)

264

„Wenn nicht zufrieden mit dem eignen Weibe, man unter dem Dirnenvolk sich zeigt, mit Frauen anderer sich vergeht, das ist ein Grund für Untergang." „Mit Frauen von Verwandten oder Freunden wer die Ehe bricht, gewaltsam oder auch im Einvernehmen, ihn als Verworfenen kenne man." Buddha Gotama, Sutta Nipāta, S.52 und S.55, a.a.O. Fakt ist allerdings, dass schon zu Lebzeiten des Buddha Gotama die Prostitution in Indien verbreitet war. Siehe dazu: Sukumari Bhattacharjii; Prostitution in Ancient India, in: Roy, Kumkum; Women in Early Indian Societies, India, 1999. Zu diesem Thema auch folgende Worte des Buddha Gotama: "Das Glück und das freudige Gefühl, Udayin, das durch diese fünf Arten der Sinneslust erreicht wird, nennt man das Glücksgefühl der Sinneslust. Dieses ist ein vulgäres Glücksgefühl, das Glücksgefühl einer Durchschnittsperson, kein edles Glücksgefühl. Man sollte nicht danach streben, es fördern oder ihm Bedeutung zukommen lassen." Buddha Gotama, MN, II, Laṭikikopamasutta, S.126, PTS, London, 1975. Und vielleicht als weitere Erläuterung: „Im Bann der Weiblichkeit." (Mātugāmavasiko) In: Buddha Gotama; The Jātaka, Kharaputta Jātaka, II, S.174, PTS, London, 1981

265 Darlegung der Bedeutung – Atthāsalinī, a.a.O.; S.190

Trinkens von Alkohol.[266] Das mag für manche Personen altmodisch klingen, aber die Worte des Buddha lassen sich nicht verbiegen.

Leider ist es jetzt – Anfang 2010 – zu den schwersten politisch motivierten gewalttätigen Auseinandersetzungen in der Bevölkerung seit über 20 Jahren gekommen.

„Thailand ist vielleicht das einzige Land der Erde, in dem die Verfassung festlegt, dass der König ein Buddhist sein muss und diese Religion zu fördern hat. Über Jahrhunderte hinweg ist der Buddhismus in Thailand etabliert und hat die Thailändische Bevölkerung in all ihren Aspekten bereichert."[267]

Alle Tempel und Klöster sind Staatseigentum. Der Saṅgha hat eine enge Beziehung zur Staatsmacht. Politische Aktivitäten sind den Mönchen jedoch verboten, sie dürfen nicht an Wahlen teilnehmen.[268] Im Erziehungsministerium gibt es eine Abteilung für Religionsfragen, die als Verbindungsglied zwischen der Regierung und dem Saṅgha fungiert.[269]

266

Surā-meraya-majja-ppamādaṭṭhānā veramaṇī sikkhāpadaṃ samādiyāmi. (Ich nehme Abstand davon, alkoholische Getränke oder Drogen zu mir zu nehmen). Dies ist eines der fünf Sittengebote für Laienschüler. Siehe dazu auch: „Berauschende Getränke soll er nicht zu sich nehmen, der Hausner, welcher dieser Lehre anhängt, zum Trinken lade er nicht ein und stimme nicht den Trinkern zu..." Buddha Gotama; Sutta Nipata, 77, S.100, a.a.O. Der Buddha sagte, dass der Alkohol nicht nur verheerend für den spirituellen Fortschritt ist, sondern auch „Quell der Krankheit" ist. Darlegung der Bedeutung – Atthāsalinī, aus DN, a.a.O., S. 565

[267] Karuna Kusalasaya; Buddhism in Thailand, BPS, Sri Lanka, 1965, S.2
268

Candland, Christopher; Faith as social capital: Religion and community development in Southern Asia, 2000, S.141
[269] Karuna Kusalasaya; 1965, S.17, a.a.O.

Rechts gerichtete Mönche wurden in der Vergangenheit gefördert, links gerichtete, sozial engagierte zum Teil verhaftet, weil die Politik von links als Bedrohung für die Nation und die Monarchie gesehen wurde.[270] [271]

Es sollte eigentlich keiner Erwähnung bedürfen, aber wie in allen Theravāda Ländern ist es so, dass die Beziehung zwischen den Bürgern (den Laienschülern) und dem Saṅgha sehr eng und von großem gegenseitigem Respekt getragen ist. Es wird als ein großes Verdienst gesehen, den Mönchsorden zu unterstützen, im Gegenzug stehen die Bhikkhus den Laienschülern wo immer es geht zur Seite, spirituell und auch – wenn die Mönchsregeln es gestatten – in weltlichen Dingen.

„Die...enge Verflechtung von Saṅgha und Staat ließ eine eigenständige politische Wirksamkeit des buddhistischen Mönchstums, wie wir sie in Ceylon und Birma beobachten können, kaum zu...die unpolitische Haltung des Saṅgha ist... eine alte Tradition in Siam.“[272] Der Name Siam wurde 1939 in Thailand geändert.

Es gibt mindestens drei bedeutende Personen in der jüngeren Zeit, die deutlichen Einfluss auf das Thema Buddhismus und politisches Engagement in Thailand gehabt haben und zum Teil noch haben. Es sind dies der Ehrenwerte Buddhadāsa

---

[270] Candland, Christopher; 2000, S. 141/142, a.a.O.
[271]

Ein Beispiel, wie weit der menschliche Geist in der Politik gehen kann, ob man sich nun Buddhist nennt oder nicht, ist die Tatsache, dass in Thailand ein Mönch ungehindert eine Schrift veröffentlichen konnte, in der er darlegt, dass es keine Sünde sei, Kommunisten zu töten, weil sie so wertlos seien, dass, wenn man sie töten würde, es so sei, als würde man Unreinheiten, kilesa töten. (Bhikkhu Kittiwuttho; To Kill a Communist is Not a Sin, Bangkok,1976); Einzelheiten in: Swearer, Donald; The Buddhist World of Southeast Asia, New York, 1995, S.112
[272] Bechert, Heinz; Band II, S.197 und S.211

Bhikkhu, der Ehrenwerte Prayudh Payutto Bhikkhu und Sulak Sivaraksa, ein Laienschüler.

Zunächst zum Ehrenwerten Buddhadāsa Bhikkhu. Er wird von den einen als progressiver Reformer gesehen, von anderen als ein Verfälscher der Lehre des Buddha.[273] Er lebte von 1906 bis 1993.

Der Ehrenwerte Buddhadāsa Bhikkhu ist besonders kritisch gegenüber Fakten, die von Buddhisten als selbstverständlich angenommen werden, wie z.b. die Wiedergeburt und bestreitet, dass diese einen zentralen Stellenwert in der Lehre des Buddha hat.[274]
Er sagt weiterhin, dass das individuelle Leiden nicht allein das Resultat des persönlichen Kamma ist, sondern ganz im Gegenteil oft durch Faktoren der äußeren Welt verursacht wird.[275] Seine Kritik an Kamma und Wiedergeburt bringt ihn dazu, weite Teile des Visuddhi Magga und des Abhidhamma Piṭaka als unnötig oder zumindest als ungenau zu bewerten.[276]

273

Jackson, Peter; Buddhadāsa, A Modern Thinker for the Modern World, Bangkok, 1988, S.15

[274] Jackson, Peter; , a.a.O.; S.136

[275] Jackson, Peter, a.a.O. ; S.51

276

Jackson, Peter; a.a.O., S.125; Die Meinung des Ehrenwerten Buddhadāsa Bhikkhu zum Visuddhi Magga erscheint widersprüchlich. Einerseits stimmt er – laut Zöllner – dem Visuddhi Magga „fast hundertprozentig" zu, andererseits gäbe es dort „unbuddhistische Tendenzen." Der Autor Buddhaghosa Thera sei ein „zum Buddha gekommener Brahmane gewesen." (Zöllner, Hans-Bernd; Buddhadāsa Bhikkhu 1906 -1993, Frankfurt, 2006, S. 112.) Statt den Begrifflichkeiten des Abhidamma Piṭaka erfährt nun für Buddhadāsa Bhikkhu die Kategorie Suññatā (die Leere, die Leerheit) Verwendung. (Zöllner, Hans-Bernd; a.a.O., S.113). Suññatā kommt in den ursprünglichen Lehrreden des Buddha Gotama vor, um damit die Ichlosigkeit der fünf Khandas zu beschreiben. (MN, III, Mahāsuññatā Sutta, S.155). Die fünf Khandas sind ein Teil der *Dhammas*, der Daseinsfaktoren. "Mit *leer* meint der Buddha, dass – abgesehen davon, dass in ihnen (den *Dhammas*) keine dauerhafte Wesenheit zu finden ist – sie gleichfalls auch bedingt und relativ sind......Thera Mahānāma, der

Der Abhidhamma Piṭaka sei erst 1300 Jahre nach dem Tod des Buddha entstanden und entspräche nicht den Worten des Buddha. Der Visuddhi Magga sei eine der ältesten historischen Belege dafür, wie nach und nach hinduistische Konzepte dazu gebraucht wurden, um den Buddhismus zu interpretieren.[277]

Der Ehrenwerte Buddhadāsa Bhikkhu findet auch in den zwölf Gliedern der Paṭiccasamupāda weniger einen Ablauf von aufeinanderfolgenden Geburten (letzte, jetzige und nächste Geburt) wieder, sondern eher einen Prozess im Hier und Jetzt.[278]

Der traditionelle Weg, durch individuelle spirituelle Praxis das selbst verursachte Dukkha zu überwinden, muss seiner Meinung nach durch die Abschaffung von sozio-ökonomischer Ausbeutung und politischer Repression als äußere Ursache ergänzt werden.[279]

So kommt er zu einer „Reintegration von politischen und sozialen Belangen in eine von Dhamma bestimmte Weltsicht."[280] Er kritisiert sowohl den Marxismus aber auch

---

Kommentator des Paṭisambhidāmagga, verwirft das Argument, dass die *Dhammas* alle total *leer* sind in dem Sinne, dass sie überhaupt keine Realität hätten. Die *Dhammas* sind real und existieren, wenn auch nur kurz und flüchtig." Dies ist eine schöne Wiedergabe von Prof. Warder aus dem Vorwort zur englischen Ausgabe des Paṭisambhidāmagga, der traditionell Mahā Sariputta zugeschrieben wird und der sich von allen kanonischen Schriften am meisten mit dem Begriff Suññatā beschäftigt. (The Path of Discrimination – Paṭisambhidāmagga, PTS, Oxford, 2009, XIII und XVIII). Der Begriff Suññatā wird dann im Mahāyāna zur zentralen Kategorie – es wird etwa über „unsere leere Buddha Natur" und dergleichen gesprochen. Der Begriff drückt dort also nicht mehr die gleichen Inhalte aus wie im Theravāda-Buddhismus.

277

Payulpitack, Suchira; Buddhadasas Movement: An Analysis of Ist Origins, Development, and Social Impact, Dissertation Sozialwissenschaften, Bielefeld, 1992, S.120

[278] Jackson, Peter; , a.a.O.; S.136

[279] Jackson, Peter, a.a.O. ; S.51-52

280

Wiesberger, Manfred; Buddhadāsa Bhikkhu, in: Lotusblätter 4/1993, DBU, München

den Materialismus und Kapitalismus,[281] besonders den sogenannten Konsumerismus und propagiert einen „Dhamma-Sozialismus."[282] Diesen Dhamma-Sozialismus vergleicht er mit dem Buddhistischen Sozialismus in Burma und dem Buddhistischen Nationalismus auf Sri Lanka.[283] Dieser Sozialismus sei nicht wie das moderne Verständnis von Sozialismus hauptsächlich materialistisch geprägt und damit „rein auf ökonomische und politische Faktoren fixiert und kaum noch moralische und spirituelle Gesichtspunkte (berücksichtigend)... sondern dem Dhamma entsprechend ausgerichtet."[284] Politik sollte lediglich ein Faktor sein, der zu Frieden und moralischer Verwirklichung führt, um so das friedliche Zusammenleben zu fördern.[285]

Er weist auf einen eklatanten Widerspruch in der Politik der thailändischen Regierung hin. Einerseits würde die Regierung den Sangha auffordern, die Bevölkerung dahingehend zu unterrichten, nicht an Glücksspielen teilzunehmen, nicht zu rauchen, keinen Alkohol zu trinken und kein sinnliches Vergnügen anzustreben. Gleichzeitig würde aber die Erlaubnis zur Öffnung von Nachtclubs, Tavernen, Orte sinnlichen Vergnügens und Tabakfabriken erteilt, um dadurch Steuern einzutreiben.[286]
Auch in Deutschland haben treibt ja der Staat mit Hilfe dieser Alltagsdrogen Steuern ein. Besonders der Alkohol hat bekanntlich eine negative Wirkung ganz besonders auf die

---

281
"Für ihn sind der Kapitalismus und der Kommunismus... gleich, und zwar weil sie beide grundsätzlich egoistisch sind." Santikaro Bhikkhu; Buddhadāsa Bhikkhu, Life and Society through the Natural Eyes of Wisdom, S. 167, in: Queen, Christopher; Engaged Buddhism, Buddhist Liberation Movements in Asia, N.Y., 1996

[282] Jackson, Peter; , a.a.O.; S.274

[283] Payulpitack, Suchira; a.a.O., S.5

[284] Wiesberger, Manfred; Buddhadāsa Bhikkhu, a.a.O.

[285] Payulpitack, Suchira; S.119

[286] Payulpitack, Suchira; a.a.O., S.124

psychische Gesundheit und somit auf die Fähigkeit zu meditieren. Dazu schreibt die größte und weltweit führende medizinische Fachzeitschrift The Lancet am 26.7.2009 zum Thema Alkohol und Weltgesundheit: "Die schädlichen Auswirkungen des Alkoholkonsums auf die Gesundheit der Bevölkerung werden unterschätzt."

Es ist dem Ehrenwerten Buddhadāsa Bhikkhu wichtig zu betonen, dass es nicht nötig ist, Mönch zu werden, um das Nibbāna zu erreichen.[287] Er geht dann jedoch so weit, das Nibbāna als weltbejahend darzustellen.[288] Das Erreichen des Nibbāna sei in der Mitte weltlicher Aktivitäten möglich.[289] Der Buddhismus wird also eher als eine Lebensart interpretiert, weniger als eine Lehre.[290]

Der Ehrenwerte Buddhadāsa Bhikkhu weist darauf hin, dass auf der sozialen Ebene eine unterstützende gesellschaftliche Ordnung als Vorbedingung notwendig ist, um die Gelegenheit zu erhalten, erfolgreich nach dem Nibbāna zu streben.[291]

---

[287] Jackson, Peter, a.a.O., S.170

[288]

Payulpitack, Suchira; a.a.O.; S.125 An dieser Stelle fällt mir die Geschichte des Prinzen Tissa ein, der seinen Vater – den König – fragt, warum denn die Mönche nicht lebenslustig seien, obwohl sie doch ihre Nahrung und ihre Unterkunft bereit gestellt bekämen. Daraufhin übergibt der König seinem Sohn für eine Woche den Thron mit allen dazugehörenden Annehmlichkeiten, sagt aber, dass er den Prinzen nach Ablauf der sieben Tage hinrichten wird. Als der sieben Tage vorbei sind, fragt er ihn, wie er sich denn gefühlt hätte. Der Sohn sagt, er hätte aus Todesangst keinen Genuss empfinden können. Daraufhin erklärt der König, dass die Mönche genauso keine Lebenslust empfinden könnten, da sie immer den Tod reflektieren würden. The Mahāvaṃsa PTS, Oxford, 2001, S.40

[289] Payulpitack, Suchira; a.a.O., S.2

[290] Payulpitack, Suchira; a.a.O., S.253

[291] Jackson, Peter; a.a.O.; S.240

Für ihn ist die Gesellschaft wichtiger als der Einzelne.[292] Ein Gesellschaftsvertrag sei notwendig, weil die Gesellschaft uns den Rahmen für unser Leben gibt. Wir sollten dankbar sein und unsere Pflicht erkennen, zum Wohle der Gemeinschaft zu handeln.[293]

Der Ehrenwerte Buddhadāsa Bhikkhu hat ein umfangreiches Buch über eine buddhistische Meditation, Ānāpānasati, geschrieben.[294]
Die Mönche – er selbst mit eingeschlossen – sollten nicht an sozialen Aktivitäten teilnehmen, meint er.[295]
Er lässt einige Elemente des Zen [296] und des Mahāyāna [297] in seine Kritik am orthodoxen Theravāda-Buddhismus einfließen. Auf diese Weise möchte er den Buddhismus „reinigen, indem er die Theravāda-Lehre interpretiert und kritisiert."[298]

292

King, Sallie B.; Being Benevolence, The Social Ethics of Engaged Buddhism, Hawaii, 2005, S.112
[293] Wiesberger, Manfred; Buddhadāsa Bhikkhu, a.a.O.
294

Buddhadāsa Bhikkhu; Ānāpānasati, die Sanfte Heilung der spirituellen Krankheit; München, 2002. Buddhadāsa Bhikkhu sieht Ānāpāna sowohl als Meditation für den Aufbau von Samādhi und auch von Vipassanā. („Ajahn Buddhadāsa unterscheidet nicht zwischen Samatha und Vipassanā Meditation", Retreatbeschreibung auf S.209 des Buches). Er behauptet dabei folgendes: „Die Methoden, die heute unter dem Begriff Vipassanā Meditation bekannt sind, finden sich nicht in den Sutten, es handelt sich um Entwicklungen der letzten hundert Jahre." (S.203) Siehe dazu auch meinen Beitrag: Bruhn, Thomas; Theorie und Praxis der Atmungsachtsamkeit, a.a.O.
[295] Jackson, Peter; , a.a.O.;S.262
[296] Jackson, Peter; , a.a.O.;S.211
297

Siehe Fußnote 276 über den Begriff Suññatā. Auch sagt er, dass Nibbāna sich in dem Samsāra, dem Kreislauf der Wiedergeburten befindet. (Buddhadāsa Bhikkhu; In Samsāra exists Nibbāna, Bangkok, 1970). Der Buddha Gotama hat an vielen Stellen ausgeführt, dass Nibbāna das genaue Gegenstück zu dem Samsāra ist.
[298] Payulpitack, Suchira; S.2, a.a.O.

Für Buddhadāsa Bhikkhu sind alle Religionen in ihren Grundaussagen gleich.[299] Islam, Christentum und Buddhismus würden alle zur Befreiung führen.[300]

Jetzt zum Ehrenwerten Prayudh Payutto Bhikkhu, auch P.A. Payutto. Er wurde 1938 geboren und ist ein sehr bekannter Mönch in Thailand.

„Er spielte eine wichtige Rolle bei der Modernisierung des Erziehungssystems in der Saṅgha durch die Verbindung von Buddhismus mit zeitgenössischen sozialen Fragestellungen... Er ist Befürworter einer strengen Interpretation des Pāli Kanons, die sich genau an der Theravāda-Tradition ausrichtet."[301] Der Ehrenwerte Prayudh Payutto Bhikkhu ist UNESCO Preisträger für Friedenserziehung.

Er tritt für eine buddhistische Wirtschaftswissenschaft ein, die seiner Meinung nach „untersuchen (würde), welche Folgen eine gegebene wirtschaftliche Aktivität für die drei miteinander verbundenen Ebenen, nämlich das Individuum, die Gesellschaft und die Natur oder die Umwelt hat."[302]

Die grundsätzliche Fragestellung, mit der man eigene Entscheidungen beurteilen kann, würde immer gleich lauten: „Helfen meine Gedanken, Worte und Taten oder schaden sie mir selbst und allen anderen um mich herum?"[303]

Er unterscheidet weiterhin zwischen richtigem und falschem Konsum von Gütern. *Falscher Konsum* hat als Ursache immer Taṇhā (Anhaftung): „Es ist die Verwendung von Gütern und

---

299
"Für Ajarn Buddhadāsa sind alle Religionen gleich im ihrem zentralen Aspekt des Auslöschens des Egoismus." Santikaro Bhikkhu, in: Queen, Christopher; Engaged Buddhism, a.a.O., S.184   "Dringt man aber zur wahren Natur, Dhamma der Religionen vor, so wird man alle Religionen als ein und dasselbe erkennen." Buddhadāsa Bhikkhu; Zwei Arten der Sprache, Zürich, 1967, S.59

300 Zöllner, Hans-Bernd; S.145, a.a.O.

301 Wikipedia; 2009

302 Payutto, P.A.; Buddhistische Ökonomie, Bern, 1999, S.41

303 Payutto, P.A.; 1999, S.45, a.a.O.

Dienstleistungen, um das Verlangen nach angenehmen Gefühlen oder egoistischer Selbstbefriedigung zu stillen."[304]

Die heutige Gesellschaft würde zum Überkonsum verleiten, Mäßigung und Genügsamkeit wären anzustreben. Allerdings ist es kein Widerspruch für ihn, dass „im Pāli-Kanon ...darauf hingewiesen wird, dass Reichtum etwas Erstrebenswertes ist."[305] Es würde auf die Art und Weise, wie dieser erworben und verwendet wird, ankommen. „Nach der Lehre des Buddha sollte der Reichtum genutzt werden, um Anderen zu helfen; er sollte ein Leben des Wohlverhaltens und der menschlichen Entwicklung unterstützen."[306]

Der Ehrenwerte Prayudh Payutto legt Wert auf die richtige Einstellung zu unserer Arbeit, dem Lebenserwerb. „Wir können entweder stolz auf unsere Arbeit sein und danach streben, sie gut auszuführen, oder sie automatisch und oberflächlich verrichten, nur des Lohnes wegen."[307]

Er vergleicht das Studium der Abhidhamma mit dem Studium der Grundlagen der Ökonomie, weil es bei beiden immer um entweder positive oder negative Geistesformationen gehen würde.[308] Der Ehrenwerte Prayudh Payutto Bhikkhu bezieht sich ausdrücklich auf die ursprünglichen Worte des Buddha Gotama und verweist auf die entsprechenden Stellen im Pāli Kanon. Im letzten Kapitel werden noch einige dieser Suttas wiedergeben.

---

[304] Payutto, P.A.; 1999, S.73, a.a.O.

[305] Payutto, P.A.; 1999, S.101, a.a.O.

[306] Payutto, P.A.; 1999, S.126, a.a.O.

307

Payutto, P. A.; S.86, a.a.O. Der Ehrenwerte Buddhadāsa Bhikkhu sagt zu dem Begriff Arbeit, dass dieser in der Dhamma Sprache synonym wäre mit „die Lehre in die Tat umsetzen" Buddhadāsa Bhikkhu; 1967, S.24, a.a.O.

[308] Payutto, P.A.; 1999, S.134, a.a.O.

Er erläutert auch die wichtige Unterscheidung zwischen dem Sāvaka Saṅgha, der Gemeinschaft der edlen Schüler, die auch Laienschüler sein können, und dem Bhikkhu Saṅgha, der Gemeinschaft der Mönche. Wie schon der Ehrenwerte Buddhadāsa Bhikkhu hält er fest, dass auch „ein weiser Laie...die Arahatschaft erreichen (kann)."[309]

Der Ehrenwerte Prayudh Payutto sagt, dass der Bhikkhu Saṅgha „zwei Pflichten gegenüber dem Staat (hat). Erstens sollte er ihn beraten, um für eine gute Regierung zu sorgen. Zweitens sollte er so rechtschaffen handeln, dass eine Kooperation zum Nutzen des Volkes zustande kommt."[310]

Jetzt zu Sulak Sivaraksa, einem buddhistischen Laienschüler und Professor der Soziologie. Er wurde 1933 geboren und äußert seit langer Zeit fundamentale Kritik an den Strukturen und den verantwortlichen Repräsentanten in Thailand.
Sulak Sivaraksa erhielt 1995 den alternativen Nobelpreis. Er sagt über sich: „Da ich die Möglichkeit hatte, viel von den Traditionen des Mahāyāna und des Vajrayāna zu lernen... ist meine buddhistische Praxis tiefgehender und umfassender geworden."[311] Sulak Sivaraksa ist auch vom Zen beeinflusst und bewundert die christliche Befreiungstheologie.[312]

309

Payutto, P.A.; Saṅgha: Die ideale Weltgemeinschaft, in: Engagierter Buddhismus, Gelbe Reihe, Hanau, Heft 3, 2002/03 , S.22

[310] Payutto, P.A.; 2002/03, S. 27, a.a.O.

311

Sivaraksa, Sulak; Buddhismus, Globalisierung und soziale Veränderung, in: Engagierter Buddhismus; Gelbe Reihe, Heft 7, 2005/05 , S. 25. Bezeichnenderweise ist denn auch das Vorwort seines neuen Buches von einem tibetanischen Rimpoche geschrieben und wird in der Einleitung von vietnamesischen Mönch Thich Nhat Hanh (den er als seinen Lehrer bezeichnet), von Bhutan und tibetanischen Exiltibetern gesprochen. (Sivaraksa, Sulak; The Wisdom of Sustainability, Hawaii, 2009, S.4-5, S.93)

[312] Swearer, Donald; 1995, S. 151, a.a.O.

Er wurde 1984 und 1991 wegen Beleidigung des Königs und seiner Schrift „Die Regression der Demokratie in Siam" verhaftet. In diesem Text schreibt er: „Die Institution des Buddhismus ist in der gegenwärtigen Gesellschaft geschwächt und korrupt geworden."[313] Sulak Sivaraksa beruft sich laut Zöllner „ausdrücklich auf Buddhadāsa Bhikkhus Neuinterpretation der buddhistischen Lehre."[314]

Die westliche Kultur wäre in den buddhistischen Gesellschaften auf dem Vormarsch; das Urteil über Menschen würde primär von ihrem jeweiligen Kontostand abhängen. „Es ist für mich eine echte Frage, ob unsere Gesellschaften wirklich noch buddhistisch sind, egal wie wir uns selber bezeichnen."[315] Das konventionelle Denken mit ihren materialistischen Vorstellungen ist für ihn das genaue Gegenteil der angestrebten Reduktion von Verlangen in der buddhistischen Sichtweise.[316] Die Globalisierung sei eine fundamentalistische, „dämonische Religion."[317] Obwohl Thailand politisch nie kolonialisiert wurde, hätte eine intellektuelle Kolonisation stattgefunden, die die Bewohner Thailands von ihren buddhistischen Wurzeln entfremdet hätte.[318]

Viele Leute im Westen würden den Buddhismus missverstehen, weil sie dächten, dass es nur um tiefe Meditation und persönliche Transformation ginge. Es würde aber zwei

---

313

Sivaraksa, Sulak; Saat des Friedens, Braunschweig, 1995. Dieses Zitat ist nur im Anhang der englischen Ausgabe zu finden.

[314] Zöllner, Hans-Bernd; 2006, S.62, a.a.O.

[315] Sivaraksa Sulak; 1995, S.73, a.a.O.

316

Sivaraksa, Sulak; Entwicklung im Dienste des Menschen, in: Engagierter Buddhismus, Nr.1, Hanau, 2002, S.3

[317] Sivaraksa, Sulak; The Wisdom of Sustainability, Hawaii, 2009, S.9

[318] Sivaraksa, Sulak; 2009, S.9, a.a.O.

Stufen des Friedens geben, den inneren Frieden und den äußeren Frieden. „Auf der äußeren Ebene bedeutet Frieden das Freisein von Streit, Gewalttätigkeit und – im weitesten Sinne – von Krieg. Auf der inneren Ebene erfahren wir den geistigen oder spirituellen Frieden, die Freiheit von Angst, Sorge und Ablenkung."[319]

Die Transformation der Gesellschaft würde zuerst oder zumindest gleichzeitig persönlichen und spirituellen Wandel erfordern.[320] Der Geist der Gewaltlosigkeit würde immer den Buddhismus durchdringen.

Die Aufgabe einer Regierung würde darin bestehen, die gewaltsamen Elemente in der Gesellschaft im Zaum zu halten, Kriminalität durch die Linderung von Armut abzuwenden und eine materielle Basis zu schaffen, damit die Bürger das religiöse Leben ungehindert ausüben können.[321]

Ein Buddhismus mit kleinem „b" wäre zum Beispiel angemessener als der Buddhismus mit großem „B", den er als konventionelle, ritualisierte pro forma Religion in Thailand glaubt vorzufinden.

Letztere hätte auch nationalistische, militaristische und aggressive Inhalte in sich auf genommen.[322]

Armut sei durch den Buddha in keiner Weise gelobt oder gefördert worden. Man solle jedoch auch nicht am Reichtum haften, weil dies dann weiteres Begehren und Leiden nach sich ziehen würde. Man solle seinen Reichtum nicht auf unehrliche oder ungesetzliche Weise erwerben, nicht geizig

[319] Sivaraksa, Sulak; 1995, S.165, a.a.O.

[320] Sivaraksa, Sulak; 1995, S.98, a.a.O.

[321] Sivaraksa, Sulak; 1995, S.106, a.a.O.

[322]

Swearer, Donald; Sulak Sivaraksas Buddhist Vision for Renewing Society, S.215, in: Queen, Christopher; Engaged Buddhism, Buddhist Liberation Movements in Asia, New York, 1996

sein oder den Reichtum verschwenden, sondern ihn dazu verwenden, das Leiden der anderen zu lindern.[323]

Der Vollständigkeit halber sei schließlich noch auf zwei Erneuerungsbewegungen in Thailand hingewiesen.

Zunächst die Santi Asoke Bewegung, die die bestehenden Strukturen des thailändischen Buddhismus und der thailändischen Gesellschaft offen angreift und „sich als eigenständige buddhistische Saṅgha... zu etablieren"[324] versucht. Sie fordert ein „striktes Einhalten der asketischen Regeln."[325] Für Laienschüler bedeutet dies das Einhalten der Sittengebote (Sīla). Zusätzlich leben die Mitglieder von Santi Asoke jedoch auch vegetarisch und lehnen städtische Gewohnheiten wie Tanzen, Rauchen, Alkoholkonsum, Fernsehen und Kino ab. Armut, Kriminalität und soziale Ungerechtigkeit seien Resultate des Nichtbeachtens der Sittengebote.[326]
In einer Doktorarbeit der Universität von Sunderland[327] wird die Santi Asoke Bewegung als eine „asketische, prophetische und utopische Bewegung" – so das Vorwort – analysiert. Sie hätte eine antikapitalistische und antikonsumistische Einstellung und würde ein Leben in Einfachheit fordern.

Dann gibt es noch die Wat Phra Dhammakāya Bewegung, die entgegen der Erkenntnis des Buddha Gotama das Nibbāna

---

[323] Sivaraksa, Sulak; 1995, S.155, a.a.O.

[324] Zöllner, Hans-Bernd; 2006, S.66, a.a.O.

[325] Gemeint sind die Dhutaṅgas, Zöllner, Hans-Bernd; 2006, S.67, a.a.O.

[326]

Payulpitack, Suchira; Buddhadasas Movement: An Analysis of Ist Origins, Development, and Social Impact, Dissertation Sozialwissenschaften, Bielefeld, 1992, S. 64

[327]

McKenzie, Rory; New Buddhist Movements in Thailand: Towards an understanding of Wat Phra Dhammakaya and Santi Asoke, Oxon, 2007

als „Qualität eines Selbst, Attā"[328] ansieht, in ihren Aktivitäten jedoch ein „enormes soziales Engagement (zeigt)."[329] Sie ist in vielerlei Hinsicht das genaue Gegenstück zur Santi Asoke Bewegung. Der Abt des Thammakai Tempelkomplexes hat eine Anzahl Luxusautos, z.b. einen Rolls Roys zu seiner Verfügung. Wohlhabende Städter sind die Zielgruppe der Bewegung.[330] In der Arbeit von McKenzie wird die Bewegung als tendenziell fundamentalistisch beschrieben. Sie hätte einen starken Fokus auf eine besondere Meditation und den Glauben an einen heilbringenden Führer. Sie würde sich selbst als einzigartig sehen.[331]

Myanmar/Burma

Nach Angaben des Statistischen Bundesamtes lebten am 31. Dezember 2008 1158 Myanmarische Bürger in Deutschland. Meistens sind es wohl Asylsuchende. Die Anerkennungsquote ist im Vergleich zu Bürgern aus anderen Ländern sehr hoch. Auch kommen jedes Jahr Studierende aus Myanmar als Stipendiaten nach Deutschland, insgesamt bislang über 530 Personen.[332] Die Bürger aus Myanmar leben meistens in den

---

328

Seeger, Martin; Die thailändische Wat Pra Thammakai-Bewegung, Universität Hamburg, 2005, S.10; Attā wird im Text klein geschrieben.

[329] Seeger, Martin; 2005, a.a.O. S.14

[330] Payulpitack, Suchira; a.a.O., S.61

331

McKenzie, Rory; a.a.O., S.234, Anmerkung 3: Manche Mitglieder sehen ihren Führer als einen „Messias und als eine Reinkarnation des Buddha." Bangkok Post, 21.12.98

332

Quelle: Auswärtiges Amt; (Stand 1.7..2009). Dies haben wir der umsichtigen Diplomatie des langjährigen deutschen Botschafters in Myanmar/Burma, Herrn Freiherr von Marschall zu verdanken (pers. Mitteilung) und in der Fortführung einer Politik des Engagements des Auswärtigen Amtes (AA). Das Bundesministerium

Großräumen Frankfurt, Hamburg und Köln. Ungefähr 90%
der Staatsbürgerinnen und Staatsbürger aus Myanmar
gehören dem Theravāda-Buddhismus an.

Ich bitte die Leser um Verständnis, dass ich, wenn ich über
Theravāda-Buddhismus und politisches Engagement in
Myanmar/Burma/Birma schreibe, nicht auf die politische
Entwicklung der letzten Jahrzehnte dort eingehen will.[333]
Meine Ehefrau hat die Staatsangehörigkeit von Myanmar.

Zu den Ereignissen von 2007 hier lediglich eine Aussage von
Dr. Zöllner, der 1998 über die burmesische Unabhängig-
keitsbewegung promoviert hat, mit dem Anspruch einer
neutralen Beurteilung der Situation. Er schreibt: „Die
Regierung bestritt den Mönchen das Recht, sich in weltliche
Angelegenheiten einzumischen und reklamierte unter
Verweis auf die buddhistische Tradition das moralische
Kapital für sich."[334]
Die Mönche, so eine andere Analyse von sozialwissenschaftli-
cher Seite, haben in Myanmar „ein zivilgesellschaftliches
Potential" obwohl sie „nicht politisch organisiert (sind)."[335]

---

für wirtschaftliche Zusammenarbeit und Entwicklung (BMZ) schließt sich dieser
Einstellung seit 1988 nicht mehr an „...offenbar aus Angst vor Kritik aus den Reihen
der Bundestagsabgeordneten" vermutet Arthur Revel (Die deutsch-myanmarischen
Beziehungen vor und nach 1988 – Viel verloren, wenig gewonnen? Bonn, 2007, S.60).
In der neuen Bundesregierung ab Nov. 2009 ist sowohl das AA als auch das BMZ
parteipolitisch neu besetzt worden. Die Partei, die beide Minister stellt, hatte vor
der Wahl eine Integration des BMZ in das AA in Aussicht gestellt. Dies wurde jedoch
bislang nicht verwirklicht. Einzelheiten: Der Spiegel 45/2009, S. 28
333
Eine Analyse der Situation in Myanmar/Burma von einem deutschen Autor ist zum
Beispiel: von Hauff, Michael; Economical and Social Development in Burma/
Myanmar, Marburg, 2007
334
Zöllner, Hans-Bernd; Weder Safran noch Revolution, eine kommentierte
Chronologie der Demonstrationen von Mönchen in Myanmar/Birma im September
2007, Verlag Markus Voss, 2008, S.86
[335] Bünte, Marco; Myanmar: Autoritarismus im Wandel, GIGA Foc. Asien, Nr.7, 2008

Zöllner vertritt die These „dass es im buddhistischen Birma ein von Menschen aus allen Schichten der Bevölkerung geteiltes geschichtlich überliefertes System von Vorstellungen und Erwartungen gibt, das mit unserem Begriff Wohlfahrtsstaat belegt werden kann... eine auf der birmanischen Königszeit basierende sehr flexible politische Kultur, die bis heute die Realität Myanmars beherrscht und zwar gleichermaßen in der Regierung wie (bei) den Opponenten."[336] Diese politische Kultur und damit den Traum vom buddhistischen Wohlfahrtsstaat gelte es jetzt „entschieden zu modifizieren."[337]

Wie diese Modifikation aussehen soll, sagt Zöllner nicht. Ob er glaubt, dass ein christlicher Wohlfahrtsstaat in Myanmar bessere Ergebnisse bringen würde, kann ich nicht sagen. Zöllner hat jedenfalls in seiner Eigenschaft als Pastor in Bangkok im Jahre 1983 sogenannte „Pastorationsreisen nach Birma"[338] durchgeführt.

Das buddhistische Konzept ist nach seinem Empfinden zu groß und zu anspruchsvoll.

Ein Rückblick in die ferne Vergangenheit

„Bevor die Engländer kamen...und vor dem Inkrafttreten der englischen Gesetzgebung" war Burma „vielleicht das glücklichste Land der Welt. Der Buddhismus war der Faktor, der die Gesellschaft zusammen hielt...mit dem Schwergewicht auf eigene Anstrengung und dem Ausüben von verdienstvollen Handlungen, kutho. Letzteres wurde traditionell als der Schlüssel zum Erreichen von besserem

---

336

Zöllner, Hans-Bernd; Der Traum vom buddhistischen Wohlfahrtsstaat, S.15 und S.21, in: Ulrike Bey; Armut in Land der Goldenen Pagoden, Essen, 2005

[337] Zöllner, Hans-Bernd; a.a.O., S.21

[338] So Zöllner, Hans-Bernd in seinem Internetauftritt unter "Lebenslauf".

Kamma gesehen, was letztlich zur Befreiung führte, nibban."[339]
Unter der Herrschaft der burmesischen Könige befolgten die Bhikkhus meist die Regel, dass „Einmischung in politische Angelegenheiten streng verboten war."[340] Allerdings benutzen sie ihre religiöse Autorität zum Beispiel dazu, Aufschub für oder Aussetzung von Hinrichtungen zu erwirken, um für Nachsicht und Gnade bei Gerichtsurteilen zu bitten oder um durch Vermittlung zwischen sich bekämpfenden Königen und Prinzen Blutvergießen zu vermeiden.[341] Für die herrschenden Könige war es immer wichtig, den Saṅgha auf ihrer Seite zu wissen.[342]

„Durch den Buddhismus entstand in Burma eine Gesellschaft, die auf der Gleichheit sozialer Standards basiert war... Der Buddhismus trug die Erziehung und eine bestimmte Einstellung zum Leben und zur Gesellschaft in fast jeden Haushalt in Burma...der Saṅgha bildete ein wesentliches Element...des ganzen sozialen Gefüges der Menschen in Burma."[343]
Bechert beschreibt, dass mit der alten birmanischen Sozialstruktur „eine recht günstige Verteilung der Sozialstruktur" verbunden war. Es gab wenig Bettler und gute Entlohnung. Reichtum wurde als Möglichkeit gesehen, Verdienste anzusammeln.[344]

339
Matthews, Bruce; The Legacy of Tradition and Authority: Buddhism and The Nation in Myanmar, in: Ian Harris; Buddhism and Politics, London, 1999, S.27
[340] Bechert, Heinz; Band II, S. 96, a.a.O.
341
Bischoff, Roger; Buddhism in Myanmar, A Short History, BPS, Sri Lanka, 1995, S.45-46
[342] Ray, Niharranjan; Theravāda Buddhism in Burma, Bangkok, 1946, S.212
[343] Ray, Niharranjan; a.a.O., S.264-266
344

Harold Fielding sah die Burmesen als „Das Lieblingsvolk Buddhas". Es habe fast keine Analphabeten gegeben,[345] das Volksvermögen sei ausgeglichen verteilt und die Gesellschaft egalitär aufgebaut gewesen.[346]

In der Kolonisationszeit änderten sich dann die Verhältnisse. „Die Engländer stellten bald klar, dass sie die traditionelle Rolle der myanmarischen Könige, die Lehre des Buddha zu schützen, nicht übernehmen würden. Die Religion der neuen Herren – das Christentum – erlangte schnell Einfluss durch die Missionsschulen."[347]
Die Folge war ein „Verfall der klösterlichen moralischen Standards"[348] in buddhistischen Klöstern.

Während der englischen Besetzung kam es im Widerstand gegen die aufgezwungene fremde Kultur und Religion zur Politisierung vieler Mönche in Burma; zwei herausragende Beispiele waren U Ottama[349] und U Wisara.[350] Es würde zu

---

Bechert, Heinz; Band II, S.12, a.a.O., Bechert warnt aber an anderer Stelle vor Historikern, die die Sozialordnung des alten Burma in einem verklärten Licht darstellen.
345

Dazu auch: White, S.H.T; A Civil Servant in Burma, London, 1913, S.184 „It is rare to find a man who cannot at least read and write."
[346] Fielding, Harold; Das Lieblingsvolk Buddhas, Berlin, 1931, S.91 und S.116

[347] Bischoff, Roger; a.a.O., S.60

[348] Houtmann, Gustaaf; a.a.O., S.57
349

„(Er) fand zahlreiche Anhänger, die gleich ihm durchs Land zogen und politisch – religiöse Predigten hielten..." Bechert, Heinz, Band II, S.107; (siehe auch: Mendelson, Michael; Saṇgha and State in Burma, S.283).
In dieser Zeit kam es dann soweit, dass der Kampf der Burmesen für die Unabhängigkeit mit dem Streben nach Nibbāna assoziiert wurde (Sarkisyanz, E.; a.a.O., S.126).
350

Wie die jetzt (2010) im Gefängnis einsitzenden Bhikkhus musste auch er im Gefängnis seine Robe ablegen. Aus Protest dagegen starb er dann im Hungerstreik. Noch heute ist eine der größten Straßen in Yangon nach ihm benannt.

weit führen, diese Persönlichkeiten und ihr Wirken im Einzelnen zu beschreiben.

Der Nationalheld Aung San, der 1947 verstarb, war allerdings dezidiert der Meinung, dass man Politik und Theravāda-Buddhismus nicht vermischen dürfe.[351]
Am 4.Januar 1948 wurde Burma/Myanmar dann unabhängig.

Dieses Datum[352] markiert einen entscheidenden Schnitt sowohl in der Geschichte dieses Landes, als auch in der emotionalen Stimmungslage der Bevölkerung.
Soziologisch gesehen fungierte das Erstarken der Vipassanā Meditation als „buddhistische Antwort auf die Glaubensreligion der Kolonialmacht."[353] Die buddhistischen Inhalte waren schon während der Besatzung durch die Engländer als ein Teil des Kampfes gegen das Kolonialsystem gesehen worden.[354]
Es wurde oft so empfunden, dass durch die Besatzer die Basis der Meditation unterminiert worden war.[355]

351

"Wenn wir Religion mit Politik vermischen, dann beleidigen wir den ureigenen Geist der Religion. Politik ist eine rein weltliche Wissenschaft." Aung San über "Religion, the Saṅgha and Politics" aus: "Inaugural Adress at The APFL convention," Jan. 1946, zitiert in U Maung Maung; Aung San of Burma, The Hague 1962, S.126-126, Wiedergabe aus: Bechert, Heinz; Band I, S.70, a.a.O., Die Tochter von Aung San ist Daw Aung San Suu Kyi.
352

Heinz Bechert beschreibt die Zeit vor der Unabhängigkeit wie folgt: „Die Kolonialmacht...beseitigte die staatliche Verantwortlichkeit für die Saṅgha ...infolge dieser Trennung von Saṅgha und Staat...breiteten sich alle Arten von Missständen im Saṅgha aus... diese Missstände gehören zu den Voraussetzungen für die politische Tätigkeit vieler Mönche, wie wir sie heute beobachten können." Bechert, Heinz; Band I, S. 33, a.a.O.

[353] Gruber, Hans; in: Buddhismus aktuell, Ausgabe 2/2008, S.49
354

"Während der Kolonialzeit war der Buddhismus ein sehr kraftvolles Idiom als Opposition zur Gesetzgebung der Besatzer" Houtmann, Gustaaf; a.a.O.,S.36
355

Die Unabhängigkeit fiel in den Zeitraum kurz vor dem Anbruch des Vimutti Zeitalters,[356] das 2500 Jahre nach dem Parinibbāna des Buddha Gotama beginnt und von dem das Erstarken der buddhistischen Praxis erwartet wird.

„Lediglich in diesem Zeitraum zwischen 1948 und 1962 unter der Regierung U Nu[357] hatte der Buddhismus in Burma die Gelegenheit, sich in politischen,[358]sozialen und wirtschaft-

---

Sarkisyanz, Manuel; On the Place of U Nus Buddhist Socialism in Burmas History of Ideas, Studies on Asia, Series I, Volume 2 (1961), S.57
356

Als Datum wird hier meistens der Vollmond im Mai 1956 angegeben (23.5.1956). Am Vollmond des Mai, Kason fand jeweils die Geburt, das Erwachen und das Parinibbāna des Buddha Gotama statt. Das Erwachen des Buddha Gotama war also etwa 590 Jahre vor Christus.
357

Payer, Alois; Soziale und politische Aspekte des Theravādabuddhismus, Vortrag 1996: „Schon 1934 schrieb der spätere birmanische Ministerpräsident U Nu, dass Gier, Hass und Trug, die nach der buddhistischen Lehre Ursachen des Leidens sind, mit wirtschaftlichen Ungerechtigkeiten zusammenhängen. Deshalb seien wirtschaftliche Reformen nötig. Die Zahl jener, die noch Werke buddhistischer Frömmigkeit tun könnten, sei durch die kapitalistische Konzentration des Reichtums eingeschränkt worden; so ist der Kapitalismus für die Abwendung vom Buddhismus verantwortlich: erst wenn die Menschen wirtschaftlich gesichert sind, können sie über die Vergänglichkeit materieller Werte meditieren...“
Sarkisyanz, Manuel; a.a.O., S.60: "U Nu akzeptierte die marxistische Philosophie nie... er hat jedoch die marxistische Wirtschaftswissenschaft nicht völlig zurückge- wiesen.“
Bechert, Heinz; Band I, S.177/178, a.a.O.: U Nu stellte 1948... ein vielbeachtetes Leftist Unity Program auf, das erhebliche Zugeständnisse an den Marxismus erhielt.“
Später war dann aber U Nu der Meinung „dass materialische Lehren wie der Marxismus-Leninismus mit der buddhistischen Lehre völlig unvereinbar" sind. Die Weisheit von Karl Marx sei „weniger als ein Zehntel eines Staubkornes, der zu den Füßen unseres großen Buddha liegt.“ Butwell, Richard; U Nu of Burma, 1963, S.69
358

Es ist aber interessant zu wissen, dass „...die Väter der birmanischen Verfassung von 1947 den Mönchen das Wahlrecht nicht gewährt (haben).“ (Bechert, Heinz; Band I, S.69, a.a.O.) Bei den Wahlen im Jahr 2010 in Myanmar durften die Mönche ebenfalls nicht wählen. Traditionell ist dies in Burma/Myanmar so, weil die Mönche sich an die 227 Vinaya Regeln halten müssen, die es erfordern, sich von weltlichen und politischen Dingen fernzuhalten. Dies ist eine ganz andere Sichtweise als in Sri Lanka, wo „Mönche in der Lage waren, wichtige politische Positionen im öffentlichen Leben zu besetzen.“ (Schober, Julianne; Buddhism, violence, and the

lichen Fragestellungen über eine oberflächliche Ebene hinaus zu engagieren...mit Ausnahme von einigen verehrten Meditationslehrern, z.b. Ledi Sayādaw und Webu Sayādaw gab es keine bekannten Sozialkritiker oder Mentoren, wie Buddhādasa Bhikkhu oder Sulak Sivaraksa im benachbarten Thailand."[359]

U Nu als Ministerpräsident sah die Aufgabe des Staates darin, ökonomische Bedingungen zu schaffen, dass Freiräume zur Ausübung von Meditation möglich würden, um das Nibbāna zu erreichen. Seine Idee des Burmesischen Sozialismus beinhaltete das „Lokka Nibān", eine Art weltliches Nibbāna mit einem Staat im Zustand absoluter Harmonie. Eigentum habe nur eine funktionelle Bedeutung, um das Streben nach dem Nibbāna zu erleichtern. Sein buddhistischer Sozialismus sollte Burmas Erbe in der Tradition des Königs Asoka sein.[360]

U Nu war ein praktischer Mann; so konnten die Staatsbeamten 30 Minuten früher Feierabend machen, wenn sie meditieren wollten.[361] Er selbst hat ebenfalls viel und regelmäßig meditiert, genau wie der erste Staatspräsident Burmas, der sehr große Fortschritte in der Meditation machte.[362]

U Nu warnte davor, durch die Verletzung des Vinaya, der 227 Mönchsregeln, den Buddhismus zu gefährden.[363]

---

state in Burma (Myanmar) and Sri Lanka, S. 61, in: Cady, Lineal E.; Religion and Conflict in South and Southeast Asia, New York, 2007).

[359] Matthews, Bruce; 1999, a.a.O., S. 41-42

[360] Sarkisyanz, Manuel; S.54-59, a.a.O.

[361] Swearer, Donald; 1995, S.97, a.a.O.

[362]

U Nu meditierte jeden Morgen um etwa 4.30 Uhr für zwei Stunden (Butwell, Richard; 1963, S.61, a.a.O.) Über die Meditation des Staatspräsidenten Sao Shwe Thaik siehe: Sayagyi U Chit Tin; 1999, S.142, a.a.O.

[363]

Bechert, Heinz; Band II, S. 71, a.a.O. (Bechert benennt auf S.35 die „Beteiligung von Mönchen an politischen Aktionen.")

Er musste wissen, worüber er sprach, denn er war selbst – wie es in Burma/Myanmar Tradition war und ist – mehrmals im Leben Mönch gewesen.[364]

Seine Vorstellungen über das „Lokka Niban" sollten eine „größere Bereitschaft für das Erscheinen des kommenden Buddha Metteya ermöglichen, an dessen baldiges Erscheinen manche Burmesen glaubten."[365]

U Nu förderte das sechste Buddhistische Konzil von 1954 bis 1956 in Rangoon.[366]

Der Theravāda Buddhismus fand schließlich „zu einem Zeitpunkt als er in Indien schon lange verlorengegangen war und seine Zukunft in Sri Lanka unsicher war wieder ein sicheres Zuhause in Südostasien, im Besonderen in Myanmar."[367]

Hervorheben möchte ich auch noch die Verbindung zwischen Nationalismus und Buddhismus in Burma, der seinen Widerhall in dem Satz findet: „to be a Burman is to be a Buddhist"[368] und die Tradition der Beschäftigung mit dem

---

[364] Butwell, Richard; 1963, S.64, a.a.O.

[365] Sarkisyanz, E.; S.209, a.a.O.

366

Kritiker sind der Meinung, dies tat er nicht nur aus religiösen Gründen, sondern auch um so eine „religiöse Legitimation für sein politisches Amt" zu erreichen. (Schober, Juliane; Colonial knowledge and Buddhist education in Burma, S.66, in: Harris, Ian; Buddhism, Power and Political Order, New York, 2007)

[367] Bischoff, Roger; 1995, S.66, a.a.O.

368

Dieser Wahlspruch wurde als erstes von der „Young Mens Buddhist Association" in Jahre 1906 gebraucht.

Abhidhamma Piṭaka,[369] einem der drei Körbe der Lehre des Buddha.[370]

Die Stellung einiger bekannter Meditationslehrer aus Myanmar/Burma im öffentlichen Leben des Landes

Drei verehrte Meditationslehrer waren der Ehrenwerte Webu Sayādaw und die beiden Laienschüler Sayagyi Saya Thetgyi und Sayagyi U Ba Khin. Sie haben sich unterschiedlich am Gesellschaftsleben beteiligt und verschiedene Empfehlungen für das tägliche Leben formuliert.

Wir werden im Folgenden sehen, dass es durchaus möglich ist, als Meditationslehrer eine bedeutende und herausragende Stellung im öffentlichen Leben zu bekleiden, andererseits aber kann auch der Rückzug aus der Öffentlichkeit eine Option sein.[371]

Der Ehrenwerte Webu Sayādaw[372] wurde 1896 geboren und verstarb 1977. Ich hatte schon darüber berichtet, dass er im Rufe stand, die höchste Stufe des Erwachens erreicht zu

---

369

Das beste Beispiel dafür ist der Ehrenwerte Ledi Sayadaw, der sowohl in der Theorie als auch in der Praxis (Pariyatti/Paṭipatti) eine herausragende Stellung einnimmt und der später noch erwähnt werden wird. (s. Bechert, Heinz; Band II, S.56/57, a.a.O.)

370

In Sri Lanka steht das Vinaya Piṭaka traditionell im Vordergrund und in Thailand das Sutta Piṭaka.

371

Es soll an dieser Stelle nicht verschwiegen werden, dass es von Anthropologen und Politikwissenschaftlern eine Kritik an der Vipassanā Meditation in Burma /Myanmar) dergestalt gibt, dass diese ein „sehr nützliches Werkzeug für Regierungen" sei, weil diese „eine ruhige Art fördern" würde, „die Dinge anzugehen." Houtmann, Gustaaf; Interview in The Irrawaddy, 1.1.2004 ; "The Culture of Burmese Politics"

372

Der Indologe Heinz Bechert, den ich ja oben schon sehr ausführlich zitiert habe, hat den Ehrenwerten Webu Sayadaw am 28.4.1962 persönlich getroffen. (Bechert, Heinz; Band II, S. 32).

haben, Arahatschaft. Einer der sieben wichtigsten Punkte, der in jedem seiner Vorträge vorkamen, war, dass man die Erfüllung seiner hohen Zielen nur dann erreichen kann, wenn man in Sittlichkeit, Sīla perfekt ist, d.h. sich eine geordnete und rechtschaffene Basis im täglichen Leben aufgebaut hat.[373] Das Sīla eines Laienschülers beinhaltet primär die fünf Sittengebote, Pañca Sīla. Dies bedeutet, anderen Lebewesen keinen Schaden zuzufügen. Stattdessen sollte man Mettā, Güte, Karunā, Mitgefühl und Dāna, Freigebigkeit praktizieren. Rechter Lebenserwerb ist ein wesentlicher Teil von Sīla; dies beinhaltet das Vermeiden von Betrug und Täuschung und untersagt unter anderem auch den Handel mit Rauschmitteln – einschließlich Alkohol – und Waffen.

Anders als der Ehrenwerte Webu Sayādaw war Sayagyi U Ba Khin ein Laienschüler und angesehener Meditationslehrer, aber gleichzeitig ein hoher Regierungsbeamter. Er wurde 1899 geboren und verstarb 1971.
Er ordinierte nur einmal für kurze Zeit als Bhikkhu. „U Ba Khin war einer der wenigen Birmanen, die unter der Kolonialherrschaft verantwortliche Ämter ausübten. 1948 wurde er zum Leiter der Buchhaltung und Rechnungs-prüfung (Accountant General) des unabhängigen Birma (Myanmar) berufen... Sayagyi U Ba Khins größter Wunsch war es, auch Menschen in fernen Ländern in der Lehre zu unterrichten...(er) war überzeugt davon, dass es auch dort Menschen mit Vervollkommnungen (Pāramī) gab...“[374]
Sayagyi U Ba Khin ermutigte die Mitarbeiter seines Amtes zu meditieren und erbaute für sie ein Meditationszentrum mit Pagode, das IMC Rangoon/Yangon, welches auch für ausländische Interessenten offen stand.

---

[373] Webu Sayadaw; 2003, S.3, a.a.O.

[374] Aus dem Vorwort zu: Sayagyi U Ba Khin; Das ist Buddhismus, Bern, 1999

Es ist seiner Hauptschülerin Mother Sayamagyi (Mahā Saddhamma Jotika Dhaja Sayamagyi Daw Mya Thwin) gelungen, fünf Internationale Meditationszentren IMC im Westen – mit Pagoden nach dem Vorbild des IMC Yangon – zu errichten. Dort wird Ānāpāna und Vipassanā Meditation unterrichtet. Es bestehen zudem auch Sayagyi U Ba Khin Gesellschaften unter der Leitung von Mutter Sayamagyi in vielen anderen Ländern, auch in Deutschland.[375] Auf diese Weise konnte sie den Wunsch ihres Lehrers Realität werden lassen.

Sayagyi U Ba Khin[376] ist ein Beispiel dafür, dass es möglich und erstrebenswert ist, Meditation mit gesellschaftlichem und beruflichem Engagement zu verbinden. Er bekleidete auch nach seinem offiziellen Ruhestand sofort wieder mehrere voneinander unabhängige Posten als Abteilungsleiter und blieb so gesellschaftlich äußerst aktiv.

In seiner hohen beruflichen Position hatte er die Möglichkeit, zum Wohle der Gemeinschaft sehr viel bewirken zu können.

Sein Schüler Sayagyi U Chit Tin beantwortet denn auch die Frage, ob buddhistische Meditation ein „Reservoir an ruhiger und ausgeglichener Energie" schaffen kann, das für den „Aufbau eines Wohlfahrtsstaates" genützt werden kann mit einem klaren Ja.[377] Die Regionallehrer dieser Tradition im

---

375

In Deutschland: Sayagyi U Ba Khin Gesellschaft e.V., D-35037 Marburg, www.subk-vipassana.de An dieser Stelle sei erwähnt, dass Vipassanā normalerweise mit Einsichtsmeditation oder Klarblickmeditation übersetzt wird. Vom Wortstamm her ist die Bedeutung: **vividhena passati.** (in vielfältiger Weise erkennend).

376

Sayagyi U Ba Khin wirkte auch maßgeblich mit bei der Durchführung des Sechsten Buddhistischen Konzils in Rangoon von 1954 bis 1956 mit, an deren Ende eine Proklamation von über 3000 Bhikkhus verabschiedet wurde mit der Ermahnung an den gesamten Saṅgha, sich treu an die 227 Vinaya Regeln zu halten, weil nur dann die buddhistische Lehre während der nächsten 2500 Jahre erhalten werden könne. Siehe auch: Bechert, Heinz; Band II, S.65, a.a.O.

377 Sayagyi U Chit Tin; 1999, S. 143, a.a.O.

Westen sind oft ebenfalls in gehobenen gesellschaftlichen Positionen tätig.

Sayagyi Saya Thetgyi schließlich war ebenfalls Laienschüler und Meditationslehrer. Er lebte von 1873 bis 1945. Er war ein Schüler des bekannten Gelehrten, des Ehrenwerten Mahāthera Ledi Sayādaw.[378] Sayagyi Saya Thetgyi stand im Ruf, die letzte Stufe vor dem vollständigen Erwachen erreicht zu haben, Anāgāmi.

Er war Familienvater und Reisbauer, verließ dann aber seine Ehefrau, um dreizehn Jahre lang unter dem Ehrenwerten Mahāthera Ledi Sayādaw zu meditieren. Lediglich in den ersten zwei Jahren kam er zwischendurch zurück nach Hause, später nicht mehr. Während seiner Abwesenheit bewirtschafteten seine Frau und seine Schwester die Reisfelder und schickten ihm Geld, um ihn zu unterstützen. Als er nach langer Zeit wieder zurück kam, bat er seine Ehefrau, ihn als ihren Bruder zu betrachten. Er unterrichtete daraufhin dreißig Jahre lang buddhistische Meditation und unterwies sogar Mönche.

Sayagyi Saya Thetgyi ist ein Beispiel für eine buddhistische Laienperson, welche hohe Stufen der spirituellen Entwicklung erreichte, sich aber im gesellschaftlichen oder politischen Bereich nicht engagierte – außer als Meditationslehrer.

Auch als Meditationslehrer bekleidet man eine bestimmte Funktion in der Gesellschaft.

---

[378]

Sogar die Besatzer aus England waren vom Ehrenwerten Mahāthera Ledi Sayadaw begeistert: "Eine der herausragenden Persönlichkeiten im modernen burmesischen Buddhismus, ...erstaunliche Person, ...heilige Persönlichkeit, ...Einfachheit und Bescheidenheit des Charakters ...hatte das Privileg, ein Gespräch mit dieser außergewöhnlichen Persönlichkeit zu führen." White, S.H. ; S. 197-199, a.a.O.

Sri Lanka

Nach Angaben des Statistischen Bundesamtes lebten am 31. Dezember 2008 28780 Bürger aus Sri Lanka in Deutschland. Vielleicht 25% dieser Personen gehören dem Theravāda-Buddhismus an. Viele Bürger aus Sri Lanka in Deutschland entstammen der ethnischen Gruppe der hinduistischen Tamilen und sind Asylsuchende. Wie viele es genau sind, konnte ich wegen Restriktionen im Datenschutz nicht in Erfahrung bringen.[379]
Die singhalesischen Bewohner von Sri Lanka betrachten das Territorium ihrer Insel, ihre eigene Nationalität und den Buddhismus als etwas Besonderes und mit großem Stolz. In der Mahāvaṃsa – The Great Chronicle of Cylon – wird von drei Besuchen des Buddha Gotama auf Sri Lanka berichtet. Der Buddha Gotama soll prophezeit haben, dass die Lehre auf Sri Lanka nach seinem Ableben besonders stark sein würde.[380]

Die Aktivitäten von Buddhaghosa Thera, dem Autor des Visuddhi Magga, waren der Anlass zu vielen anderen Pāli Kommentaren und festigten die bevorzugte Stellung von Sri Lanka als die Heimat des Theravāda-Buddhismus.[381]

Als der reine Buddhismus in Burma schon verloren schien, ließ der burmesische König Dhammaceti im Jahre 1476 in Sri Lanka 22 ausgewählte Männer als Bhikkhus ordinieren, um die Tradition in Burma wiederzubeleben.[382]

379

Es gibt im deutschsprachigen Raum das „Buddhistische Haus" in Berlin/Frohnau und das „Zürich Buddhist Vihara" in CH-Lenzburg.
[380] The Mahāvaṃsa, PTS, Oxford, 2001, S.3
[381] Perera, H.R.; Buddhism in Sri Lanka, BPS, Kandy, 1988, S.41
[382] Perera, H.R.; S.57, a.a.O.

Im Jahre 1505 besetzten die Portugiesen Sri Lanka. Sie werden als „inhumane, habgierige, bornierte und brutale Verfolger des Buddhismus in ihrem Bemühen, ihren eigenen Glauben, den Katholizismus, der Bevölkerung von Sri Lanka aufzuzwingen"[383] beschrieben.

Im Jahre 1638 kamen dann die Holländer, welche als gemäßigter empfunden wurden, weil sie hauptsächlich Handelsinteressen verfolgten. Ihr protestantisches Christentum wurde weniger als Behinderung des Buddhismus empfunden, als der Katholizismus der Portugiesen.[384]

Im Jahre 1796 wurden die Holländer von den Engländern besiegt und die erste britische Regierung errichtet. Die Engländer unterstützten die christlichen Missionare natürlich, wo immer dies möglich war. „Der Buddhismus wurde als eine Religion der primitiven Massen und als ein Gegensatz zum Christentum der zivilisierten Menschen dargestellt."[385]

Es war der bekannte Anagārika Dhammapāla, der um das Jahr 1880 herum den „singhalesisch-buddhistischen Fundamentalismus" begründete, in dem die Insel Sri Lanka als Dhammadīpa – die Insel dīpa, die durch den Buddha selbst gesegnet sei, um den Buddhismus zu bewahren und zu schützen – bezeichnet wurde. Dies war für ihn nicht nur eine Rückbesinnung auf die traditionelle Religion, sondern auch eine Form des kulturellen Widerstandes gegen die Engländer.[386] „Der protestantische Buddhismus kristallisierte sich in der Person Dhammapālas."[387]

---

[383] Perera, H.R.; S.60, a.a.O.

[384] Perera, H.R.; S.65, a.a.O.

[385] Perera, H.R.; S.76, a.a.O.

[386]

Bartholomeusz, Tessa; First Among Equals: Buddhism and the Sri Lankan State, London, 1999, S.177

[387]

Heinz Bechert schreibt: „Sozialrevolutionäre Strömungen erlangten naturgemäß da besonderen Einfluss, wo die kapitalistische Umgestaltung das Volk am stärksten und am plötzlichsten betroffen hatte, nämlich in Birma...(und) in Ceylon."[388]

Und weiter über marxistische Bewegungen in Ceylon: „Alle marxistischen Parteien Ceylons haben angesichts der großen Bedeutung der bäuerlichen Wählermassen versucht einen Kompromiss mit dem Buddhismus zu finden und in ihrer offiziellen Propaganda religionsfeindliche Äußerungen ängstlich vermieden."[389] Sie hätten vielmehr versucht, „Beweise der Möglichkeit einer Synthese buddhistischer und marxistischer Lehre"[390] vorzubringen.

Wie Burma erreicht auch Sri Lanka im Jahre 1948 die Unabhängigkeit.

Kurz danach und in Erwartung des bedeutsamen Datums 23. Mai 1956, 2500 Jahre nach dem Parinibbāna des Buddha Gotama, fasst ein Autor die Verquickung von Politik und Buddhismus in Sri Lanka wie folgt poetisch zusammen: „Der Marxismus ist eine Seite, die aus dem Buch über den Buddhismus entnommen worden ist – eine Seite, die herausgerissen und falsch gelesen wurde. Die Demokratie ist eine weitere Seite dieses Buches, die ebenfalls herausgerissen wurde und vielleicht nicht falsch gelesen, aber zur Hälfte ihrer Bedeutung entleert dadurch, dass sie von ihrem buddhistischen Kontext getrennt wurde..."[391]

Gombrich, Richard; Theravāda Buddhism, A Social History from Ancient Benares to Modern Colombo, London, 1988, S. 196

[388] Bechert, Heinz, Band I, S.130, a.a.O.

[389] Bechert, Heinz; Band I, S.162, a.a.O.

[390] Bechert, Heinz; Band I, S.162, a.a.O.

[391] Vijayavardhana, D.C.; The Revolt in the Temple, Colombo, 1953, S.595

Die gegenwärtige politische Situation ist seit langer Zeit durch den kriegerischen Konflikt zwischen der buddhistisch-singhalesischen Regierung und den hinduistisch-tamilisch Aufständischen, die einen autonomen Staat anstreben, gekennzeichnet. Es ist eine Tatsache, dass es sich hier um einen Krieg mit vielen Toten und Verletzten handelt, in dem zum Beispiel im Moment, wo ich diesen Artikel schreibe – Anfang 2009 – offensiv geführte Kampfhandlungen der buddhistischen Regierung stattfinden.[392]

Nunmehr – kurz vor der Veröffentlichung der neuen Auflage meiner Untersuchung im Jahre 2010 – wurde der Bürgerkrieg für beendet erklärt. „Mindestens 70 000 Menschen wurden getötet, allein in den letzten fünf Monaten des Bürgerkrieges kamen nach Schätzung der Vereinten Nationen 7 000 Menschen uns Leben."[393]

So drückte denn auch der Professor für Philosophie Douglas Allen seine Verwunderung über die Verhältnisse auf Sri Lanka schon 1992 wie folgt aus: „Die grundlegende Lehre (des Buddhismus) mit ihrem Schwergewicht auf Toleranz, Kooperation, Mitgefühl, Güte und Gewaltlosigkeit dient jetzt als Legitimation für Intoleranz, Hass, Repression und Gewalt."[394]

Über den Konflikt zwischen hinduistischen Tamilen und buddhistischen Singhalesen gibt es die unterschiedlichsten Meinungen. Es ist hier nicht der Platz, um diese alle wiederzugeben.

392

Bartholomeusz hat schon 1999 in einer Studie die "Ideologie eines gerechten Krieges im buddhistischen Sri Lanka" untersucht und beschreibt dort, wie es dazu kommen konnte, dass sich eine Rechtfertigung von Gewalt aus dem historisch begründeten Anspruch auf eine buddhistische Alleinherrschaft entwickelte. (Bartholomeusz, Tessa; In Defence of Dharma: Just-War Ideology in Buddhist Sri Lanka, Journal of Buddhist Ethics, 6 (1999)

[393] Stuttgarter Zeitung, 12.8.2010

[394] Allen, Douglas; Religion and Political Conflict in South Asia, Westport, 1992, S.181

Es gibt mindestens zwei Personen, die in der jüngeren Vergangenheit einen wesentlichen Beitrag zum Thema Theravāda-Buddhismus und politisches Engagement auf Sri Lanka geleistet haben – einmal abseits von der Tagespolitik und dem singhalesisch/tamilischen Konflikt. Dies sind der Ehrenwerte Mahāthera Walpola Rahula und der Laienschüler A.T. Ariyaratne.

Der Ehrenwerte Mahāthera Walpola Rahula lebte von 1907 bis 1997. Er hat ein Standardwerk über den Buddhismus mit dem Titel „Was der Buddha lehrt"[395] geschrieben, das man auch einem Anfänger empfehlen kann.
Er äußert sich folgendermaßen zum Verhältnis zwischen Buddhismus und gesellschaftlichem und politischem Engagement: „Es ist ein Missverständnis zu glauben, man müsse sich vom Leben zurückziehen, wenn man den Lehren Buddhas folgen will." Und: „Der Buddha hat das Leben nicht aus seinem sozialen Kontext und ökonomischen Hintergrund herausgelöst. Er sah es mit all seinen gesellschaftlichen, wirtschaftlichen und politischen Aspekten als eine Einheit."[396]
Der Ehrenwerte Mahāthera Walpola Rahula setzte sich dafür ein, dass die Bhikkhus nicht nur das Recht, sondern auch die Pflicht hatten, sich auf Sri Lanka politisch zu engagieren. Damit nahm er in diesem umstrittenen Punkt eindeutig Stellung.
Manche Autoren, wie Batholomeusz, sind der Meinung, dass er eine „Theorie des Gerechten Krieges" befürwortet hat. Er würde dies angeblich aus der geschichtlichen Situation Sri Lankas ableiten, in der es „kein gewichtiges Verbrechen gewesen sei Menschen zu töten, um die buddhistische

---

[395] Rahula, Walpola; Was der Buddha lehrt, Bern, 1982
[396]

Rahula, Walpola; Buddhismus in der realen Welt, S.35 und S.36, in: Whitmyer, Claude; Arbeit als Weg, Frankfurt, 1996

Religion hochzuhalten."[397] Der Ehrenwerte Walpola Rahula stellt jedoch das genaue Gegenteil fest: „Nach der Lehre des Buddha gibt es nichts, was man einen gerechten Krieg nennen könnte."[398]
Er war nicht nur als Gelehrter sehr bekannt, auch seine politische Einstellung als Sozialist war öffentlich.[399]

In einem anderen Buch[400] des Ehrenwerten Mahāthera Walpola Rahula, das ich in der ersten Ausgabe meiner Untersuchung nicht berücksichtigen konnte, weil es mir derzeit nicht zugänglich war, stehen allerdings erstaunliche Dinge. In diesem Buch tritt er vehement für eine politisch aktive Rolle der Bhikkhus ein – dies auf dem Hintergrund der portugiesischen, holländischen und englischen Invasion und der damit einhergehenden Christianisierung.
Der politische Bhikkhu wird von ihm als ein „altruistischer, mutiger, aufrichtiger und ehrlicher Bhikkhu"[401] bezeichnet.
Er ist sogar der Meinung, dass „der Krieg eine religiöse Bedeutung"[402] erhalten würde, wenn Mönche eine Armee begleiten. Auf diese Weise könnten sich mehr Menschen für den Krieg begeistern.
Dieser Standpunkt widerspricht nach meinen Recherchen den Vinaya Regeln der Bhikkhus (92 Pācittiya, V, Nr. 48).

Mich erstaunt auch seine Sichtweise, dass Bhikkhus in der Zeit der Buddha Gotama meditiert hätten, weil sie „schwach"

---

[397] Bartholomeusz, Tessa; S.180 , a.a.O.

[398] Rahula,Walpola; 1982, S.146, a.a.O.

[399]

Bechert, Heinz; Band I, S.367, a.a.O., schreibt: "Der Mönch Rahula stand in seinen politischen Äußerungen dem Marxismus nahe." Und weiter: "Er wurde zum Verteidiger des traditionalistischen Buddhismus."

[400] Rahula, Walpola; The Heritage of The Bhikkhu, Colombo, 1946

[401] Rahula, Walpola; The Heritage....a.a.O.; S. XXII

[402] Rahula, Walpola; The Heritage....a.a.O.; S.152

gewesen seien. Das theoretische Lernen demgegenüber sei von den „fähigen" Bhikkhus gepflegt worden.[403] Der Ehrenwerte Mahāthera Walpola Rahula vertritt folgende These: „Ein Bhikkhu, der sich in der Sozialarbeit engagiert, besitzt notwendigerweise edlere und höhere Tugenden und Qualitäten als ein Bhikkhu, der alleine und in der Zurückgezogenheit des Waldes meditiert."[404]

Nun, so wie ich es verstehe, hat der Buddha Gotama die Mönchs- und Nonnengemeinde immer wieder ermutigt, die Pfad- und Fruchtzustände des Nibbāna mittels Meditation zu erreichen.[405]
So steht denn auch in der Dhammapada: (Vers 282) Yogā ve jāyatī bhūri; ayogā bhūrisaṅkhayo. „Wahrlich, durch Meditation entsteht Weisheit, ohne Meditation schwindet die Weisheit."[406] Dieser Vers wurde vom Buddha gesprochen, nachdem er einen Mönch ermahnt hatte, der zwar sämtliche Lehrreden und die Kommentare rezitieren konnte, der jedoch nicht meditierte und dadurch das eigentliche Ziel der Lehre verfehlte.[407]

Eine andere bedeutende Persönlichkeit ist der buddhistische Laienschüler A.T. Ariyaratne, geboren 1931. Er ist Begründer der Sarvodaya Sramadana Bewegung, einer sozio-spirituellen Basisbewegung, die annimmt, dass sich „die persönliche Erleuchtung nur in enger Wechselwirkung mit Be-

---

[403] Rahula, Walpola; The Heritage....a.a.O.; S.30

[404] Rahula, Walpola; The Heritage....a.a.O.; S. 127

[405]

Sotāpatti-magga; -phala; Sakadāgāmi-magga; -phala; Anāgami-magga; -phala; Arahata-magga; -phala; s. Narada Mahā Thera; A Manual of Abhidhamma, BPS, Sri Lanka, 1968, S. 60

[406]

Auch in: Sayagyi U Chit Tin; Das Wissen...... a.a.O., S.1 und ebenfalls in: Darlegung der Bedeutung (Kommentar zur Dhammasaṅgaṇi) a.a.O., S.157

[407] Buddhist Legends; Teil 3, a.a.O.; S.159

wusstwerdungsprozessen in der lokalen Gemeinschaft, der Nation wie der gesamten Welt vollzieht."[408]

Diese Bewegung sieht sich als „community development movement",[409] an der über 5000 dörfliche Gemeinden teilnehmen. Sie ist damit die größte Nichtregierungsorganisation im Lande. „Sarvodaya arbeitet in sechs integrierten Bereichen, spirituell, moralisch, kulturell, sozial, ökonomisch und politisch."[410]

A.T. Ariyaratne ist Anhänger der Gewaltlosigkeit Gandhis, propagiert die Ideale der Selbstlosigkeit und des Mitgefühls, bezieht sich auf die klassische Theravāda Lehre und glaubt an überkonfessionelle „universelle, gerechte spirituelle Gesetze."[411]

Er sagt, dass „es kein moralisches Recht gibt 900 Milliarden Dollar im Jahr an Waffen auszugeben, während 900 Millionen Menschen verhungern."[412] Das bestehende ungerechte wirtschaftliche System sei der Grund für die derzeitigen Probleme.[413]

Die Armen hätten nicht genug Wasser zu trinken, während andere Tausende Liter zur Verfügung haben, um darin zu schwimmen.

A.T. Ariyaratne hält Massenmeditation der liebenden Güte (Mettā) für ein gutes Mittel, den Geist und das Verhalten

---

[408] Netzwerk engagierter Buddhisten, 2004, www.buddhanetz.de

[409] Macy, Johanna; Sarvodaya means waking everybody up, S.149, in: Whitmyer, Claude; Mindfulness and Meaningful Work, Berkeley, 1994

[410] "Buddhismus aktuell", Heft 1/2004, S.14

[411] Bond, George D.; Sarvodaya Shramadanas quest for peace, S.133 in: Queen, Christopher; Action Dharma, London, 2003

[412] Ariyaratne, A.T; Waking everybody up, S.94 in: Kotler, Arnhold; Engaged Buddhist Reader, Berkeley, 1996

[413] Ariyaratne, A.T.; 1996, S.94-95, a.a.O.

auch von Nichtmeditierenden zu transformieren.[414] Im Jahre 1999 nahmen an einer solchen Massenmeditation in Colombo etwa 170 000 Personen teil.[415]

Als er 1992 den Niwano Friedenspreis entgegennahm sagte er: „Es ist jetzt die Zeit gekommen, in der die Wissenschaft und die Technologie auf der einen Seite und die spirituelle Weisheit auf der anderen Seite global zusammengefasst werden sollten, um eine edlere, gerechtere und friedvollere globale Gemeinschaft zu erbauen."[416]

Kambodscha

Nach Angaben des Statistischen Bundesamtes lebten am 31. Dezember 2008 798 Personen aus Kambodscha in Deutschland. Über 90% gehören dem Theravāda-Buddhismus an.[417] „Rund 80 Kambodschaner leben in Berlin. Aufgrund der diplomatischen Beziehungen zwischen der ehemaligen DDR und Kambodscha bekamen einige junge Kambodschaner die Möglichkeit, im Ausland zu studieren. In diesem Zu-

---

414

Aber nicht nur Mettā sondern alle vier Brahmavihāras (Mettā, Muditā, Karunā, Upekkhā) und dazu noch das Geben (Dāna), nicht nur in Form von Geldspenden sondern auch das Geben von Zeit, Arbeitskraft und Wissen charakterisiert nach Hecker, Helmut; (Grundlagen buddhistischer Sozialarbeit, Lotusblätter 3/89, DBU) die Bewegung von Ariyaratne. Damit will die Bewegung die „Zweigleisigkeit, die Lehre und Leben trennte" beseitigen.

415

King, Sallie B.; Being Benevolence, The Social Ethics of Engaged Buddhism, Hawaii, 2005, S.166

416

Bond, George; A.T. Ariyaratne and the Savodaya Shramadana Movement in Sri Lanka, S.142, in: Queen, Christopher; Engaged Buddhism, Buddhist Liberation Movements in Asia, New York, 1996

417

Es gibt im deutschsprachigen Raum das kambodschanisches Kulturzentrum in D-73540 Heubach und das Kloster Wat Sangkharam in CH-Obfelden

sammenhang gab es drei Gruppen von Kambodschanern, die in der DDR eine Ausbildung absolvieren konnten. Eine vierte Gruppe von Kambodschanern, die nach Deutschland kamen, ist Ende der 1980er Jahre aus Flüchtlingslagern entlang der kambodschanisch – thailändischen Grenze mit dem Deutschen Roten Kreuz zu Pflegefamilien in die BRD gelangt. Dies waren Kinder und Jugendliche."[418]

Ich selber hatte als Sozialpädagoge 1980 die Gelegenheit, diese Jungen und Mädchen im Alter von fünf bis sechzehn Jahren für das DRK einige Monate zu betreuen.

Mitte des 19. Jahrhunderts wurde das Land eine Kolonie Frankreichs. 1953 wurde Kambodscha dann unabhängig. Der Buddhismus war bis 1975 Staatsreligion und später wieder ab Ende der Achtzigerjahren. Heute ist er gesetzlich in der Verfassung verankert.

Die Geschichte Kambodschas ist geprägt von der Schreckensherrschaft des Pol Pot Regimes. Pol Pot bestimmte das Jahr seiner Machtübernahme als das Jahr Null und strebte eine klassenlose, agrarische Kultur mit der politischen Maxime eines Ultra-Marxismus an. Zwei bis drei Millionen Kambodschaner verhungerten, wurden hingerichtet oder sind an Seuchen, Erschöpfung und Folter zugrunde gegangen. „Die Roten Khmer ...betrachteten die Mönche als Parasiten, die auf Kosten der Bevölkerungsmehrheit lebten."[419] Nur etwa 3000 von 50000 Mönchen überlebten.[420] Andere Quellen sprechen davon, dass es 1979 nur noch etwa 100 ordinierte Mönche gab, die meisten davon

---

[418] Seise, Claudia; Institut für Asien- und Afrikawissenschaft, WS 2004/2005

[419] Mahā Ghosananda; Wenn der Buddha lächelt, Freiburg,1997, S.27

[420] Mahā Ghosananda; S.25, a.a.O.

lebten im Exil.[421] Nahezu alle der 3600 buddhistischen Tempel wurden zerstört.

Inzwischen gibt es wieder etwa 59500 Mönche und um 3980 buddhistische Klöster.[422] Eine „Gesellschaft Buddhismus für Entwicklung" mit 150 Mitarbeitern leistet jetzt Aufbauarbeit in Richtung auf „eine demokratische Gesellschaft, in der die Menschenrechte respektiert werden und eine Moral, herrscht, die sich am Buddhismus und an der kambodschanischen Kultur orientiert."[423]

„Aus vielen Berichten geht hervor, dass die Mönche Kambodschas zwar weniger gelehrt sind als diejenigen Ceylons, Burmas oder Thailands, aber dass ihr Betragen vorbildlich ist."[424]
„Auch in Kambodscha galt und gilt der Grundsatz, dass sich die buddhistischen Mönche nicht in die Politik einmischen dürfen."[425] „Die Mönche blieben in ihrer Mehrheit in der Kolonialzeit der alten, auch in der neueren Zeit von führenden Bhikkhus immer wieder hervorgehobener Tradition entsprechend, unpolitisch."[426]

---

[421] Harris, Ian; Buddhism in Extremis: The Case of Cambodia, London, 1999, S.66
[422]

Diese Angaben laut Wikipedia, 2009. Payer sagt über die Zeit nach dem Sturz des Pol Pot Regimes: "Nach 1979 begann sich der Buddhismus in der vietnamesisch dominierten Volksrepublik Kampuchea wieder etwas zu erholen. Es gab wieder Stimmen über die Vereinbarkeit von Buddhismus und Marxismus. So seien Arbeit, Sparsamkeit, Frugalität, Ehrlichkeit, Gerechtigkeit, Brüderlichkeit Werte genauso des Buddhismus wie des Marxismus. Für das tägliche Leben gebe es deshalb nicht allzu viele Differenzen. Nur das höchste Ziel – das Nibbāna – sei verschieden." in: Payer, Alois; Soziale und Politische Aspekte des Theravāda Buddhismus, Vortrag 1996
[423] DIE ZEIT, 29.7.2010, S.56
[424] Bechert, Heinz; Band II, S.234, a.a.O.
[425] Bechert, Heinz; Band II, S.236, a.a.O.
[426] Bechert, Heinz; Band II, S.237, a.a.O.

„Wie in anderen Theravāda Ländern entwickelte sich auch in Kambodscha ein Konflikt zwischen den Modernisten und den Traditionalisten... die Modernisten betrachteten die traditionalistische wörtliche Auslegung mancher Pāli Texte als veraltet und unhaltbar."[427]

Es gibt mindestens eine Person, die im Sinne eines Engagierten Buddhismus in Kambodscha bekannt geworden ist, und zwar ist dies der Mönch Mahā Ghosananda, geboren 1929, gestorben 2007.

Er kam aus einfachen dörflichen Verhältnissen und trat mit 14 Jahren in den Mönchsorden ein. An der berühmten Universität Nalanda in Indien promovierte er und wurde danach ebenfalls in Indien Schüler eines japanischen Mönches,[428] der Frieden und Gewaltlosigkeit analog der Lehre Mahatma Gandhis in den Mittelpunkt seiner Lehren stellte.

Während der Zeit der Diktatur der Roten Khmer lebte Mahā Ghosananda zurückgezogen in den Wäldern Thailands und meditierte.[429] In klaren und einfachen Worten bekannte er sich zu der Wahrheit von Anattā: „Es gibt kein Selbst, es gibt nur Ursachen und Bedingungen."[430] Seine „sozialen Lehren sind verblüffend einfach: Er beteuert, dass es eine Notwendigkeit für inneren Frieden gibt, um sozialen Frieden

---

[427] Bechert, Heinz; Band II, S.251, a.a.O.

[428] Nichidatsu Fujii, Gründer der Nipponzan-Myohoji Sekte; gehört nicht zum Theravāda-Buddhismus.

[429] Dies ist eine Zusammenfassung der Vita von Mahā Ghosananda geschrieben von Jane Sharada Mahoney und Philip Edmonds im Vorwort zu „Wenn der Buddha lächelt"; a.a.O.

[430] King, Sallie; a.a.O., S.96; Es sei an dieser Stelle erwähnt, dass der Persönlichkeitsglaube – Sakkāyadiṭṭhi – das größte Hindernis zur Befreiung im Buddhismus darstellt. Dieser Glaube entspricht zum Beispiel dem sogenannten Transzendentalbuddhismus von Georg Grimm. (s.S.32)

herzustellen und empfiehlt buddhistische Meditation, um dieses Ziel zu erreichen."[431]

Nach der Diktatur der Roten Khmer kam er in seine Heimat zurück und machte die Worte des Buddha Gotama zu seinem Motto, dass Hass nie durch Hass besiegt wird, sondern nur durch Nicht-Hass.[432] Das unermessliche Leid, das die Kambodschaner erfahren hatten solle nicht mit Rachsucht und Vergeltung beantwortet werden.
Es gab dann auch erstaunlich wenige Racheakte gegen die Roten Khmer in Kambodscha.[433]
„Wir respektieren unseren Gegner. Wir vertrauen unausgesprochen darauf, dass seine Böswilligkeit durch Unwissenheit verursacht ist."[434]
Mahā Ghosananda schlug vor, sieben grundlegende Prinzipien zu befolgen, unter anderem das vorrangige Prinzip der Gewaltlosigkeit und den Edlen-Achtfachen-Pfad des Buddha.[435]

1993 machte er einen sechzehntägigen Friedensmarsch mit mehr als 400 buddhistischen Mönchen, Nonnen und Laien durch das kriegszerstörte Kambodscha.

431

Weiner, Matthew; Mahā Ghosananda as a contemplative social activist, S.116, in: Queen, Christopher; Action Dharma, London, 2003
432

„Durch Hass fürwahr kann nimmermehr zur Ruhe bringen man den Hass; durch Nichthass kommt Hass zur Ruhe: Das ist ein ewiges Gesetz." Buddha Gotama; Dhammapada, S.24, a.a.O.

[433] King, Sallie; S.165, a.a.O.

[434] Mahā Ghosananda; S.80, a.a.O.

[435] Mahā Ghosananda; S.97, a.a.O.

Exkurs: Kaiser Asoka

Kaiser Asoka regierte von etwa 273 bis 232 v. Chr. in Indien. In seinem Feldzug gegen das Königreich Kalinga wurden in einem blutigen und erbitterten Kampf viele Menschen getötet, verwundet und deportiert.

Später jedoch erfüllten dieser Krieg und das damit erzeugte Leid den König mit Reue. Die Grausamkeit dieses Feldzuges hatte sein Gewissen belastet, und er fühlte sich zum buddhistischen Glauben hingezogen.
Der Kalingakrieg war „der Wendepunkt in seinem Leben. Er fasste den Entschluss, der kriegerischen Laufbahn zu entsagen und einzig auf die Werke des Friedens Bedacht zu nehmen."[436]
„Vorher war er als der wilde Asoka...bekannt, fortab als der Rechtschaffenheits-Asoka."[437]
„...nach seinem Sinneswandel...verurteilte (er) mit Bezug auf seine eigene Politik den Krieg aufs Schärfste."[438]

Er versuchte jetzt die Gewaltlosigkeit und das Verwaltungskonzept eines sozialen Wohlfahrtsstaates durchzusetzen. Er lud Ärzte aus dem Ausland ein, importierte Kräuter für medizinische Zwecke, baute Rasthäuser, Brunnen und Krankenhäuser für die Armen, kümmerte sich um Verurteilte, indem er die Urteilsfindung und die Wahl der Strafe überprüfte, schuf ein Sonderministerium zur Untersuchung von Korruption, förderte den Bau und die Verbesserung von

---

[436] Hardy, Edmund; König Asoka, Mainz,1902, S.19
[437]

The Mahāvaṃsa, PTS, Oxford, 2001, S.42 und auch in: Kern, Fritz; Asoka – Kaiser und Missionar, Bern, 1956, S.21
[438] Hardy, Edmund, a.a.O., S.9

Straßen, setzte sich für religiösen Pluralismus ein und vieles mehr.[439] Er besuchte auch die historischen Stätten des Buddhismus und errichtete dort die berühmten Säulen, die sogenannten Edikte, in denen er sich unter anderem über Politik, das Wohl des Volkes, moralische Vorschriften und Meditation äußerte.[440] Die Edikte bezeugen „einen Wandel (beim Kaiser), der sich im persönlichen Leben, in den Arbeitsabläufen am kaiserlichen Hofe, in der Regierung und der Verwaltung manifestierte."[441] Nunmehr waren „die religiösen, politischen und moralischen Motivationen und Ziele untrennbar verbunden."[442]

Das Ziel von Asoka war die „Verwirklichung des Humanitätsideals"[443] ohne jedoch „an der bestehenden Feudalverfassung"[444] – einer zentralistischen Autokratie – zu

---

439

Siehe dazu: Loy, David; The Great Awakening, A Buddhist Social Theory, Somerville, 2003, S.31

440

Zwei Inschriften lauteten: „Ich betrachte die Förderung des Wohles des Volkes als meine höchste Pflicht" (Felsenedikt VI) und „Die Menschen können zum Fortschritt im Dhamma nur auf zwei Arten bewegt werden, durch moralische Vorschriften und durch Meditation. Von diesen zweien haben moralische Vorschriften wenig Konsequenzen, Meditation ist jedoch von großer Bedeutung" (Säulenedikt VII) (aus: Nikam N.A., McKeon Richard; The Edicts of Asoka, Chicago, 1959, S.38 und S.40). Eine andere Übersetzung dieser zwei Edikte lautet: „Denn ich halte es für meine Pflicht, für das Wohl der Menschen zu arbeiten." (Felsenedikt VI) und „Diese Vervollkommnung der sittlichen Lebensführung haben die Menschen auf zweierlei Wegen erlangt, durch Moralvorschriften und durch eigene Überzeugung. Hierbei richten Moralvorschriften indes nur wenig aus, mehr dagegen vermag die eigene Überzeugung." (Säulenedikt VII), (in: Schuhmacher, Wolfgang; Die Edikte des Kaisers Asoka, Dicken, 1991) aus: www.palikanon.de „Durch den Fürsorgecharakter seiner in den jeweiligen Edikten verkündeten sozialen Einrichtungen und Maßnahmen erscheint die Bezeichnung als Wohlfahrtsstaat als gerechtfertigt." (Stoller, Andreas; a.a.O., S.16)

[441] Nikam N.A., McKeon Richard; a.a.O., S.18

[442] Nikam N.A., McKeon Richard; a.a.O., S.19

[443] Hardy, Edmund, a.a.O., S.13

[444] Hardy, Edmund; a.a.O., S.15

rütteln. Den Katasterbeamten – als Beamte mit sehr angesehener Stellung – legt er nahe, dass sich ihre Amtsführung vor allen Dingen durch Leidenschaftslosigkeit und Selbstbeherrschung auszeichnen müsse. Er schrieb ihnen vor, auf ihren Dienstreisen dem Volk Unterweisung in der Religion zu erteilen, um so die Verquickung von Geistlichem und Weltlichem zu demonstrieren.

Er duldete keine Beamtenwillkür. „Wenn er die Justizpflege verbesserte (stand) sein Sinn allewege auf den Dhamma."[445]

„Der von Asoka geschaffene buddhistische Wohlfahrtsstaat hat ein Sozialethos begründet und gemeinnützige staatliche Einrichtungen geschaffen."[446]

Wir sehen also, dass es in der Vergangenheit durchaus möglich war, einen buddhistischen Wohlfahrtsstaat zu errichten. Diese Errungenschaften des Kaisers entstanden lange Zeit „bevor das Christentum sich für soziale Dienste engagierte."[447]

Es ist ja unter Umständen nicht ausgeschlossen, das etwas, was in der Vergangenheit möglich war, vielleicht auch in der Gegenwart möglich wird, wenn die Voraussetzungen dafür geschaffen werden, denke ich.[448]

Es gibt aber auch Kritik „unter modernen Indern" an Kaiser Asoka dergestalt, dass „Asokas Pazifismus am politischen Unglück seines Landes erhebliche Schuld (trägt)."[449]

In der Literatur wird darauf hingewiesen, dass Asoka nicht das „Ziel (hatte), in einer zukünftigen Geburt zur Buddha-

---

[445] Hardy, Edmund; a.a.O., S.16 -18 und S.40

[446] Stoller, Andreas; a.a.O., S.12

[447] Sarkisyanz, E.; S.29, a.a.O.

[448]

Dies sieht – wie schon erwähnt – Hans-Bernd Zöllner zumindest für ein Land des Theravāda-Buddhismus als nicht realistisch an.

[449] Kern, Fritz; S.106, a.a.O.

würde emporzusteigen; sein Ziel war, was die Buddhisten Arahatta nennen..."[450] Wenn dies so stimmt, dann hatte der Kaiser Asoka ein bescheideneres Ziel als Millionen von Anhängern des Mahāyāna, die alle Buddha werden möchten.

Siebzehn Jahre nach Asokas Regierungsantritt – im Jahre 247 vor Christus – kam es zu einem bedeutsamen Ereignis in der Geschichte des Buddhismus. Das dritte buddhistische Konzil fand in Pataliputra – dem heutigen Patna – statt. Es dauerte neun Monate.[451] Siebzehn schismatische Schulen hatten sich inzwischen von Theravāda-Buddhismus abgespalten.[452] Diese Schulen hatten schwierige Textpassagen im Kanon einfach verändert. Es kam soweit, dass Laien sich einfach die Haare scherten, ohne ordiniert zu sein und dann versuchten, in den Mönchorden einzudringen.[453]

Asoka nahm an diesem Konzil teil und unterstützte den ursprünglichen Theravāda-Buddhismus bis zu seinem Tod.[454]

450

Hardy, Edmund; S.27, a.a.O. (Arahatta – Arahat – Arahatschaft = vollständiges Erwachen).

[451] The Mahāvaṃsa, PTS, Oxford, 2001, Introduction

[452] The Mahāvaṃsa, PTS, Oxford, 2001,, S.26

453

The Debates Commentary, Kathāvatthuppakaraṇa-Aṭṭakathā, PTS, Oxford, 1999, S.5

454

Der Kaiser persönlich führte eine Befragung in mehreren Klöstern über die Lehre des Buddha durch. Jene, die falsche Ansichten hegten, wurden identifiziert und sofort aus dem Saṅgha ausgeschlossen. (The Mahāvaṃsa, PTS, Oxford, 2001,S.49). „Auf diese Weise wurde der Bhikkhu Saṅgha von Scheinmönchen mit irriger Ansicht gereinigt." (Dr. Rewata Dhamma; The Buddhist Councils, im Internet, ohne Jg.). Es soll eine "ausufernde Disziplinlosigkeit und Korruption in der mönchischen Gemeinschaft" geherrscht haben. (Stoller, Andreas; S.15, a.a.O.)

Die Worte des Buddha Gotama

Die Lehre des Buddha Gotama ist umfangreich. Es gibt 84000 Lehrabschnitte (dhammakkhandha), davon sind 82000 vom Buddha selbst gesprochen worden.[455] Es werden im Folgenden nur einige wenige Lehrabschnitte, die einen Bezug zu sozialen Themen haben, wiedergegeben. Zunächst jedoch ein paar Bemerkungen zum sozialen Umfeld, in dem der Buddha Gotama lebte.

Zu seinen Lebzeiten gab es in Indien zwei verschiedene Regierungsformen, nämlich Monarchien (die Königreiche von Kosala und Maghada) und Republiken mit Volkssouveränität Gana-Saṅghas, wie die Konföderation der Vajjier.[456] Das Ausmaß demokratischer Inhalte in den Gebieten mit Volkssouveränität wird kontrovers diskutiert; sie sollen jedoch als Modell des Bhikkhu Saṅgha gedient haben.[457] Im Nordosten Indiens vermischten sich zu dieser Zeit hinduistische Gesellschaftsformen mit nicht-hinduistischen Strukturen.

In der Laienanhängerschaft war die Schicht der Gahapatis die wichtigste Bevölkerungsgruppe als Unterstützer des Bhikkhu Saṅgha. Sie waren als Land- und Produktionsmittelbesitzer vorrangig für die Lebensmittel- und Warenproduktion zuständig. Sie werden in der Literatur auch als Steuerzahler, Arbeitgeber oder Haushaltsvorstände bezeichnet. Arbeit war für sie ein hoher Wert. „Die Gahapatis hatten einen herausragenden Platz in der Sozialstruktur der frühen buddhistischen Gesellschaft."[458]

455

Darlegung der Bedeutung – Atthāsalinī, a.a.O.; S.39, auch in: IMC-Newsletter, Heddington , October 2010

[456] Chakravarti, Uma; The Social Dimension of Early Buddhism, Dehli, 1987, S.7

[457] Chakravarti, Uma; S.55, a.a.O.

[458] Chakravarti, Uma; S.81, a.a.O.

Eine Untergruppe waren die Seṭṭhi-Gahapatis als Händler, Banker, Geldverleiher und Investoren. Die beiden bedeutenden Laienanhänger und Förderer des Buddha, der Kaufmann Anāthapindika und Mutter Visākhā kamen aus der Schicht der Gahapatis.

Verschiedene Bevölkerungsgruppen genossen unterschiedliches Ansehen. Diejenigen, die selbstständig als Besitzer oder Produzenten arbeiteten, wurden als hochrangig angesehen.[459] Auch Abstammung und Herkunft waren für die Buddhisten im alten Indien wichtig.[460]

Es gab also ein System der Schichtzugehörigkeit in der buddhistischen Bevölkerung, nicht jedoch eine fixierte Ungleichheit, wie der Hinduismus sie verlangte und institutionalisiert hatte: die sogenannten Kasten. Dies hat dann in der Neuzeit die politische Bewegung um Dr. Ambedkar in Indien dazu bewogen, den Buddha Gotama als Sozialreformer zur Abschaffung des Kastenwesens zu instrumentalisieren.

Für das Erreichen der jeweiligen spirituellen Stufen des Erwachens war die Zugehörigkeit zu einer Bevölkerungsschicht natürlich völlig irrelevant. Der bedeutende Arahat Upali war in seinem Laienleben Friseur. Die Bhikkhunī Ambapāli erreichte ebenfalls Arahatschaft.[461] Sie war im Laienleben eine Kurtisane gewesen.

„Der Buddha Gotama fasste nicht die totale Auslöschung von Ungleichheiten in der Gesellschaft ins Auge, sicherlich versuchte er sie aber einzudämmen... (Er) hatte trotz seines

---

[459] Chakravarti, Uma; S.111, a.a.O.

[460] Chakravarti, Uma; S.112, a.a.O.

[461]

Über die Anzahl der Laienschüler, die zu Lebzeiten des Buddha Gotama Fortschritte in ihrer Meditation erzielt hatten siehe auch Fußnote 512.

Ideals der Entsagung eine positive Einstellung zu der sich ausweitenden Wirtschaft und der heutigen sozialen Welt."[462]

Über die Armut als Ursache für die Kriminalität, die Auswirkung auf die durchschnittliche Lebensdauer der Menschen und die hohe Verantwortung einer Regierung

„So also, ihr Brüder, dadurch, dass den Armen keine Güter gegeben wurden, wuchs die Armut weiter, es wuchs der Diebstahl, die Gewalt, der Mord an anderen, das Lügen, schlechte Rede, Ehebruch, beleidigendes und nutzloses Geschwätz, Begierde und Böswilligkeit, Inzest, schamloses Verhalten und perverse Lust... Es wird schließlich eine Zeit kommen, in der die Nachfahren dieser Menschen eine Lebensdauer von zehn Jahren haben werden... dann wird diesen Menschen...klar werden: Nun, nur weil wir einen schlechten Wandel geführt haben, haben wir diesen großen Verlust von Verwandten und Familie erfahren. Lasst uns also jetzt Gutes tun!"[463]
Das Lebensalter der menschlichen Lebewesen wird dadurch danach langsam bis auf 80 000 Jahre[464] ansteigen.

„...wenn jener, der als Erster gilt, ein tugendloses Leben führt, tut es umso mehr der Rest des Volkes. Im Elend lebt das ganze Land, wenn tugendlos sein König ist...wenn jener, der als erster gilt, ein tugendhaftes Leben führt, tut es um so mehr der Rest des Volkes. Im Glücke lebt das ganze Land, wenn tugendhaft sein König ist."[465]

---

[462] Chakravarti, Uma; S.181, a.a.O.

[463] Buddha Gotama; DN, III, Cakkavatti-Sīhanānda Sutta, PTS, London, S.69-71

[464] Buddha Gotama; DN, III, Cakkavatti-Sīhanānda Sutta, S.72

[465] Buddha Gotama; AN, II, S.76

Der Buddha Gotama erklärt weiter, dass, um die Kriminalität zu beseitigen, die wirtschaftlichen Bedingungen gut sein müssen. Der König solle denjenigen, die Landwirtschaft betreiben, genügend Nahrung geben; denjenigen, die Handel betreiben, genügend Kapital bereitstellen, denjenigen, die Regierungsbeamte sind, genügend Lohn und Gehalt auszahlen. Dann würden sich keine Unruhen verbreiten und die Staatsgeschäfte würden florieren, das Land würde befriedet sein und die Bevölkerung wäre glücklich und zufrieden; jeder hätte eine offene Tür für den anderen.[466]

Die höchsten Segnungen

Drei der 38 höchsten Segnungen sind folgende: „Sehr achtsam sich um die Eltern zu kümmern ist die höchste Segnung, das bedeutet sich ganz aufmerksam der Bedürfnisse der Eltern anzunehmen, indem man seine Pflicht erfüllt und sie glücklich macht und auf ihre Gesundheit achtet. Seine Ehefrau und die Kinder zu unterstützen und sich um sie zu kümmern, ist die höchste Segnung. Seine Arbeit fehlerlos, zur richtigen Zeit und unter den richtigen Umständen auszuführen, ist die höchste Segnung. Fehlerlose Arbeit bedeutet, Handlungen auszuführen, die dem eigenen Interesse nicht schaden und widersprechen und auch dem Interesse der Anderen nicht."[467]

---

[466] So sinngemäß in: Buddha Gotama; DN, I, Kūṭadanta Sutta, PTS, London, S.173

[467] Sinngemäß aus dem Englischen, gefunden in: The Teaching of The Buddha, Ministry of Religious Affairs; Myanmar, 1997, S.226; Übersetzung der PTS: "Sich um die Mutter und den Vater zu kümmern, die Unterstützung der Ehefrau und der Kinder und eine Arbeit, die keinen Konflikt beinhaltet, dies sind die höchsten Omen (Vorzeichen)." in: The Minor Readings, Khuddaka Pāṭha; übersetzt vom Ehrenwerten Bhikkhu Nanamoli; S.3, PTS, Oxford, 2005

Oder anders gesagt: „Den Eltern jede Hilfe geben, Fürsorglichkeit für Weib und Kind, Beschäftigung, die ruhig und geordnet, – das, wahrlich, ist das größte Heil!"[468]

Reichtum und Besitz

„Wenn, ihr Mönche, Familien, die sich großen Reichtum erworben haben, nicht von langem Bestand sind, so ist dies auf vier Ursachen zurückzuführen oder auf eine derselben. Auf welche vier? Um das Verlorene kümmern sie sich nicht; das Alte bessern sie nicht aus; sie sind unmäßig beim Essen und Trinken; einen Mann oder eine Frau von schlechtem Wandel setzten sie an die leitende Stelle."[469]

„Zehn erwünschte, begehrte, angenehme Dinge, sind schwer in der Welt zu erreichen. Welche zehn? Reichtum, usw… Trägheit und Untätigkeit gefährden den Reichtum."[470]

„Zweierlei Reichtum: materieller Reichtum und der Reichtum der Wahrheit. Diese beiden Reichtümer gibt es. Der beste aber ist der Reichtum der Wahrheit."[471]

„…vermittels seines Besitzes, den er sich durch… seiner Hände Fleiß, im Schweiße seines Angesichtes, auf rechtmäßige, ehrliche Weise erworben hat – vermittels dieses Besitzes leistet der edle Jünger fünferlei Abgaben: Spenden für die Verwandten, Spenden für die Gäste, Spenden für die Verstorbenen, Abgaben an die Fürsten, Spenden für die Gottheiten."[472]

---

[468] Buddha Gotama; KN, Sutta Nipāta, S.78

[469] Buddha Gotama; AN, II, S.198-199;

[470] Buddha Gotama; AN, V, S.65

[471] Buddha Gotama; AN, I, S.90

[472] Buddha Gotama; AN; II, S.68

„Als reicher Mann, begütert, wohlversehen mit Speise, allein die Leckerbissen essend, – das ist ein Grund für Untergang... ein Wüstling sein mit Weibern, Wein und Würfelspiel, vergeudend immer wieder das Erworbene – das ist ein Grund für Untergang."[473]

Die vier Arten des Glücks und die vier Arten der Furcht

„Wer da der Schuldenfreiheit Glück und des Besitzes Glück bedenkt, und auch des Genusses Freuden kennt, und dann dies alles weise prüft, des Glückes beide Arten sieht er klar und weiß, dass jedes Glück der Welt kein Sechzehntes des Wertes hat vom Glück der Unbescholtenheit...Was aber ist das Glück der Unbescholtenheit? Da hat ein Jüngling untadelige Taten getan in Werken, Worten und Gedanken. Und im Gedanken daran empfindet er Glück und Freude. Das nennt man das Glück der Unbescholtenheit."[474]

„Vier Arten der Furcht gibt es, ihr Mönche. Welche vier? Die Furcht vor den eigenen Vorwürfen, die Furcht vor fremden Vorwürfen, die Furcht vor Strafe und die Furcht vor leidvoller Wiedergeburt.
Was aber, ihr Mönche ist die Furcht vor den eigenen Vorwürfen? Da denkt einer bei sich: Wie nun, wenn ich in Werken, Worten und Gedanken einen schlechten Wandel führe, möchte ich mir da nicht selber im Punkte der Sittlichkeit Vorwürfe machen?
Was aber ist die Furcht vor fremden Vorwürfen? Da denkt einer bei sich: Wie nun, wenn ich in Werken, Worten und Gedanken einen schlechten Wandel führe, möchten mir da nicht Andere im Punkte der Sittlichkeit Vorwürfe machen?

---

[473] Buddha Gotama; KN; Sutta Nipāta, S.52
[474] Buddha Gotama; AN; II, S. 69-70

Was aber ist die Furcht vor Strafe? Da sieht einer, wie die Fürsten einen Räuber, einen Übertäter verhaften lassen und mancherlei Strafen verhängen...

Was aber ist die Furcht vor leidvoller Wiedergeburt? Da denkt einer bei sich: Für einen schlechten Wandel in Werken, Worten und Gedanken ist ein schlechtes Los in künftigem Dasein zu erwarten..."[475]

Die vier Grundlagen sozialer Harmonie und wie man eine angenehme Beziehung zu seinen Mitmenschen herstellt

Diese Grundlagen sozialer Harmonie sind:

1. Das Geben, die Großzügigkeit, das Teilen; 2. Angenehme Wortwahl, die höflich, hilfreich und nutzbringend ist und dazu führt, dass Freundschaft, Harmonie, Verständnis, Respekt und gegenseitige Zuneigung entsteht; 3. Hilfreiches Handeln – wie etwa Sozialarbeit, indem eine Anstrengung unternommen wird, anderen zur Seite zu stehen; Gemeinwesenarbeit; 4. Teilnahme am Schicksal anderer, Nachbarschaftshilfe, Mitgefühl und Mitfreude.[476]

Der Ehrenwerte Nyānatiloka Mahāthera übersetzt die vier Punkte wie folgt: „Gaben, sowie sanfte Worte, hilfreich Tun in dieser Welt, Brudersinn in allen Dingen..."[477]

Zum Thema „angenehme Beziehung zu den Mitmenschen" gibt es folgende Ratschläge.

---

[475] Buddha Gotama; AN; II , S.106-107

[476]

Dies ist eine freie Übersetzung nach: P.A. Payutto; A Constitution for Living, Bangkok, 1998, S.21

[477] Buddha Gotama; AN; II, S.38

Um eine gute Atmosphäre in der Gruppe zu schaffen, sollte man freundlich und wohl gesonnen zu seinen Kollegen, Mitmenschen und Nachbarn sein und diesen bei der Erfüllung ihrer Pflichten helfen. Auf der sprachlichen Ebene sollte man ihnen mit Wohlwollen, höflich und respektvoll begegnen. Auf der gedanklichen Ebene sollte man eine positive Einstellung zu ihnen haben. Man sollte bereit sein zu teilen, was man rechtmäßig erlangt hat. Man sollte die Sitten und Gebräuche, von denen man erkannt hat, dass sie förderlich sind, beibehalten, die Meinung des anderen respektieren und die gemeinsamen Grundsätze schätzen.[478]

Der Ehrenwerte Nyānatiloka Mahāthera übersetzt folgendermaßen: „....liebevoll in Werken,...liebevoll in Worten, ...liebevoll in Gedanken,...rechtmäßig erlangte Gaben ...verteilt zu haben,...jene Sitten,...die ungebrochenen, unverletzten, unbefleckten, unverdorbenen, befreienden, von Verständigen gepriesenen, die unbeeinflussbar sind und die geistige Sammlung fördern, in diesen Sitten stimmt er mit seinen Ordensbrüdern überein, ...jene Erkenntnis..., die edle, erlösende, die den danach Handelnden zur völligen Leidensvernichtung führt, in dieser Erkenntnis stimmt er... überein, ob öffentlich oder unbemerkt.“[479]

Die Grundlagen der Wohlfahrt

„Vier Dinge, Vyagghapajja, gereichen einem edlen Sohn zum diesseitigen Heil und zum Wohl. Welche vier? Bewährung in Fleiß, Bewährung in Wachsamkeit, edler Umgang und maßvolle Lebensweise.

---

[478] Übersetzung entsprechend: P.A. Payutto; 1998, a.a.O.
[479] Buddha Gotama; AN, III, S.173

133

Was aber ist Bewährung in Fleiß? Da, Vyagghapajja, erwirbt sich ein edler Sohn durch irgendeine Arbeit seinen Lebensunterhalt, sei es durch Ackerbau, durch Handel oder durch Viehzucht, als ein Bogenschütze oder königlicher Beamter oder durch irgendein Handwerk. Darin aber ist er tüchtig und nicht nachlässig, und er versteht sich auf die richtigen Mittel zu handeln und anzuordnen...

Was aber, Vyagghapajja, ist Bewährung in Wachsamkeit? Da besitzt ein edler Sohn Güter, die er sich durch Fleiß und Strebsamkeit erworben, durch seiner Hände Arbeit, im Schweiße seines Angesichts angesammelt hat, rechtliche Güter, rechtschaffen erlangt. Diese hütet und bewacht er...

Was aber, Vyagghapajja, ist edler Umgang? In dem Dorfe, Vyagghapajja, oder der Stadt, wo der edle Sohn wohnt, was es dort an Hausvätern gibt oder an Hausvätersöhnen, jung und von reifem Charakter oder alt und von reifem Charakter, denen Vertrauen, Sittlichkeit, Freigebigkeit und Weisheit eignet, mit solchen pflegt er Umgang, unterhält sich mit ihnen, führt Gespräche mit ihnen...

Was aber, Vyagghapajja, ist maßvolle Lebensweise? Da, Vyagghapajja, kennt der edle Sohn seine Einnahmen und Ausgaben und richtet demgemäß seine Lebensweise ein, nicht zu üppig und nicht zu dürftig...“[480]

Die fünf Pflichten des Arbeitgebers und des Arbeitnehmers

Der Arbeitgeber hat folgende fünf Pflichten: Dem Arbeitnehmer Aufgaben zuzuteilen, die seinen Fähigkeiten entsprechen; eine angemessene Bezahlung; ihn im Falle der

---

[480] Buddha Gotama; AN, IV, S.153-154

Krankheit freizustellen; besondere Gewinne mit ihm zu teilen sowie Ruhezeiten und Urlaub zu gewähren. Der Arbeitnehmer hat folgende fünf Pflichten: Mit der Arbeit zu beginnen, bevor der Arbeitgeber die Arbeit aufnimmt; die Arbeit zu beenden, nachdem der Arbeitgeber sie beendet; nur das nehmen, was ihm gegeben wird; seine Arbeit gut durchzuführen; dazu beizutragen, dass der gute Name des Arbeitgebers und seiner Geschäfte verbreitet wird.[481]

Die Kriegspläne des Königs Ajātasattu

Der König Ajātasattu plante den demokratisch organisierten Staat der Vajjier anzugreifen. Vorher konsultierte er mittels seines Ministers, den Brahmanen Vassakāra jedoch den Buddha und bat um seinen Kommentar.

Der Buddha führte aus, dass die Vajjier nur Fortschritt zu erwarten hätten und keinen Niedergang, wenn sie die folgenden „sieben Gedeihen bringenden Dinge" beachteten, nämlich:
1. sich häufig versammeln 2. einträchtig zusammenzutreffen, einträchtig auseinanderzugehen 3. die Vorschriften nicht zu verletzen und die alten Vajjiergesetze befolgen 4. die Ältesten ehren, achten, schätzen, hochhalten und es als ihre Pflicht betrachten, ihnen Gehör zu schenken 5. die Frauen und Töchter guter Familien nicht entführen und mit Gewalt bei sich behalten 6. die innerhalb und außerhalb der Städte befindlichen Verehrungsstätten ehren, achten, schätzen und

---

481

Buddha Gotama; DN, III, Singālovāda Sutta, PTS, London, 2002. Dies ist eine freie Übersetzung aus dem Englischen nach: P.A. Payutto; A Constitution for Living, a.a.O., S.54-55, sowie: The Teachings of the Buddha; Ministry of Religious Affairs, Yangon, 1977, S.256-257

hochhalten 7. den Heiligen gerechten Schutz und Schirm angedeihen lassen.

Daraufhin fasste der Minister wie folgt zusammen: „Nicht können die Vajjier vom Maghadherkönig Ajātasattu... besiegt werden, es sei denn durch trügerische Rede oder durch ihre Entzweiung."[482]

Die zehn Qualitäten eines gerechten Herrschers oder Königs

Die zehn Qualitäten eines gerechten Herrschers sind in einer Jātaka Geschichte über ein vergangenes Leben des Buddha zu finden.[483]

Man kann sie – frei übersetzt – wie folgt zusammenfassen: Freigebigkeit, selbstlose Arbeit, Ehrlichkeit, Sanftmut, Verzicht und Zurückhaltung bei Sinnesfreuden, Urteilsfähigkeit ohne Emotionen wie Wut und Hass, ruhiges und gewaltloses Vorgehen, Geduld gepaart mit der Fähigkeit Nachsicht zu haben und schließlich Rechtschaffenheit.[484]

Das Konzept eines gerechten politischen Herrschers, Dhammarāja und das Wirken eines Buddha wird oft sogar als

---

[482] Buddha Gotama; AN, IV, S.16-18

[483]

Buddha Gotama; The Jātaka; III, Nr. 385, Nandiyamiga Jātaka, S.171. Die zehn Qualitäten werden dort wie folgt ins Englische übersetzt: "alms, morals, charity, justice, penitence, peace, mildness, mercy, meekness, patience." (Almosen, Tugend, Freigebigkeit, Gerechtigkeit, Reuefähigkeit, Friedfertigkeit, Milde, Sanftmut, Geduld) Eine andere Quelle benennt die 10 Qualitäten so: "charity, morality, munificence, straightforwardness, gentleness, restraint, non-hatred, non-violence, patience, friendliness and amity" (Freigebigkeit, Sittlichkeit, Großzügigkeit, Gradlinigkeit, Sanftheit, Zurückhaltung, Haßlosigkeit, Gewaltlosigkeit, Geduld, Freundlichkeit und gutes Einvernehmen); Vintanage, Gunaseela; Buddhist Ideals of Government, in: The Light of the Dhamma, Vol IX, Nr.3,Rangoon, 1962, S.23; in Pali: Dāna, Sīla, Pariccāga, Ajjavā, Maddava, Tapa, Akkodha, Avihiṃsā, Khānti, Avirodhana.

[484] P.A. Payutto; 1998, S.26-27

zwei Seiten ein und derselben Münze gesehen, weltlich/Lokiya und überweltlich/Lokuttara.[485]

Ein universeller Herrscher, Cakkavatti „erobert (diesem Mythos entsprechend) die ganze Erde ohne Anwendung von Waffengewalt, lediglich durch die moralische Kraft des Dhamma."[486]
Er besitzt die legendären 32 Körpermerkmale, die nur einem Buddha und einem Cakkavatti zu Eigen sind.[487] Der Buddha Gotama selbst war in vergangenen Leben sieben Mal ein universeller Monarch.[488]

In dem Aggañña Sutta[489] wird beschrieben, wie die demokratische Wahl eines legitimen Herrschers erfolgen kann. Dort wird ein Gesellschaftsvertrag zwischen der Bevölkerung und einer Regierung geschildert. Die Ernennung eines gerechten, kompetenten und tugendhaften Regierungsoberhauptes ist dort motiviert durch ein inneres Bedürfnis der Bevölkerung und ist unabhängig von Geschlecht, Abstammung oder Vermögensstatus des Herrschers.
„Das Aggañña Sutta ist der erste bekannte politische Vortrag, in dem der Ursprung der Staatsmacht auf eine große Übereinstimmung der Bevölkerung zurückzuführen ist – Mahājana Sammata."[490]

---

[485] Swearer, Donald; 1995, S. 95, a.a.O.

[486] Stoller, Andreas; S.19, a.a.O.

[487] Buddha Gotama, DN, III, Lakkhaṇa Sutta, S.137, PTS, London, 2002
[488]

Dies war das Ergebnis seiner Praxis der liebenvollen Güte/Mettā. So wie es die sieben Faktoren des Erwachens gibt, hat auch der universelle Monarch sieben wertvolle Schätze (s. Anālayo Bhikkhu; S.241 und S.251, a.a.O.)

[489] Buddha Gotama, DN, III, Aggañña Sutta, PTS, London, 2002, S.77
[490]

Swaris, Nalin; Religion and Human Rights, Asian Human Rights Commission; Vol. 9, Oct.1999, Buddhism and Brahminism

„Der Buddha wies eine Mystifizierung der königlichen Macht zurück."[491]
Dem Herrscher – Mahā Sammata – wird dort übrigens eine freiwillige Steuer in Form von Reis gegeben.

Exkurs: War der Buddha Gotama selbst auch in konkreten Situationen sozial aktiv?

Ja, er war es, und zwar als Krankenpfleger. Als ein Bhikkhu mit verschmutzten Roben und akutem Durchfall danieder lag, wusch der Buddha Gotama mit der Hilfe von Ānanda diesen Bhikkhu mit warmem Wasser.

Bei einer anderen Gelegenheit entdeckte er einen Mönch, der mit Geschwüren bedeckt und mit stark riechendem Ausfluss aus den Wunden von den anderen Mönchen verlassen worden war. Der Buddha Gotama wusch ihn mit den Händen und säuberte und trocknete seine Robe.[492]

Der Buddha praktizierte also das, was er lehrte – auf allen Ebenen.

Theorie und Praxis gehen Hand in Hand; das wäre vielleicht unsere Wortwahl heute.
Dann sagte der Buddha Gotama: „Derjenige, der den Kranken dient, dient mir."[493]

491
Swaris, Nalin; Democratic impulses in Buddhism, CWN Network of Theological Enquiry, London
[492] Buddhist Legends; Dhammapada Commentary, Part 2, S. 20, PTS, London, 1979
[493] Lily de Silva; Ministering to the Sick and the Terminal Ill, BPS, 1994, S.1-2

Gibt es eine Theravāda-buddhistische demokratische Politik?

Es wurde bisher versucht, die inhärenten Gefahren der Beschäftigung mit politischen Themen zu beschreiben. Dabei listeten wir einige wichtige Punkte auf, die es auf dem Weg zum Erwachen zu beachten gilt.

Die Situation der Theravāda-Buddhisten während der Zeit des deutschen Faschismus und des Kommunismus und der Forschungsstand zum Engagierten Buddhismus in Deutschland wurden dargestellt, und einige prominente Vertreter dieser Strömung kamen zu Wort.

Des Weiteren wurde dann die historische Situation in den Theravāda Ländern Südostasiens und die aktuelle Position einiger Buddhisten dort beleuchtet. Schließlich konnten wir uns mit relevanten Aussagen des Buddha Gotama zu unserem Thema vertraut machen.

Jetzt sind wir in der Lage, uns damit zu beschäftigen, ob es Theorien zu einer Theravāda-buddhistischen und demokratischen Politik gibt und ob wir diese in unserer persönlichen Situation, in der wir uns derzeit befinden, anwenden können.

Wir leben in Deutschland in einer freiheitlichen Demokratie. Aber schon an diesem Punkt mag es einzelne Personen geben, die diesen Satz relativieren möchten. Ich sage dies, um zu zeigen, wie leicht unser Thema emotionalisiert werden kann und ein Dickicht der Meinungen – ditthigahanam – entsteht.
Auch unsere persönliche Situation ist sicher unterschiedlich. Der eine mag wohlhabend sein, der andere muss um jeden Euro kämpfen, der eine mag Zeit im Überfluss haben, der andere ist total im Stress.

Schon in den sechziger Jahren schrieb Bechert, dass es „zahlreiche Äußerungen buddhistischer Autoren Ceylons und Birmas (darüber gibt), dass Demokratie und Parlamentarismus geradezu buddhistischen Ursprungs seien... zur Begründung dieser These wird nicht nur auf die sieben Voraussetzungen für das Gedeihen eines Staatswesens, die der Buddha dargelegt hatte, sondern vor allem auf die Verfassung des Saṅgha hingewiesen, in der der Buddha die Prinzipien der Demokratie in einer vorbildlichen Weise zur Geltung gebracht hatte."[494]

Jüngere Autoren weisen allerdings darauf hin, dass der Saṅgha nicht, wie es im Westen empfunden wird, nur demokratisch organisiert ist, sondern auch hierarchisch.[495]

Ein früher Autor schreibt, dass es „in der Zeit, in der der Buddha lebte, eine Anzahl von Königreichen gegeben habe, wie das Königreich von Magadha und das Königreich von Kosala und auch eine Anzahl von Demokratien. Der Buddha hat sich definitiv als Verfechter einer demokratischen Regierung zu erkennen gegeben und war der Meinung, dass dies die Form der Regierung sei, die die Stabilität einer Gesellschaft gewährleisten würde."[496]

„Der Buddha hatte weltliche Angelegenheiten hinter sich gelassen, gab aber trotzdem Ratschläge über gute Regierungsformen."[497]

---

[494] Bechert, Heinz; Band I, S.128-129, a.a.O.

[495]

Schober, Juliane; Buddhism, Violence and the State in Burma (Myanmar) and Sri Lanka, S.54, in: Cady, Linell E.; South and Southeast Asia, Disrupting violence, New York, 2007

[496] Vintanage, Gunaseela; S.25, a.a.O.

[497]

Dhammananda Mahā Thera; Buddhism and Politics, ohne Jahrgang und Ortsangabe, in: www.buddhanet.net

Prof. Kurt F. Leidecker, der sich der Förderung des "cross-cultural understandings"[498] verschrieben hatte, vermutet ebenfalls in den sechziger Jahren, dass „der Buddhismus sicher einen größeren Beitrag für die freiheitsliebenden, demokratisch regierten Nationen beisteuern wird, der auf jeden Fall sehr tiefgehend sein wird."[499] Und weiter: „Es ist eine der fundamentalen Annahmen einer demokratischen Gesellschaft, dass sie aus einer Vielzahl von unterschiedlichen Personen besteht, deren Individualität garantiert ist (oder garantiert bleibt). Dies ist auch die An-Anschauung und Absicht des Buddhismus."[500]

Etwas differenzierter ist folgende Analyse: „Die modernen Begriffe Demokratie und Internationalität existierten – in dem Sinne wie wir sie verstehen – in der feudalen Gesellschaft, in der der Buddha lebte, nicht... andererseits kann man argumentieren, dass es demokratische und internationale Elemente in den Grundlagen der buddhistischen Lehre gab."[501]

Nandasena Ratnapala, Professor für Soziologie und Anthroplogie in Sri Lanka, hat vor ungefähr zehn Jahren grundlegende Arbeiten zur buddhistischen Soziologie und buddhistischen Politikwissenschaft veröffentlicht, die es verdient hätten, auf Deutsch übersetzt zu werden, wie dies mit der bahnbrechenden Arbeit von P.A. Payutto über buddhistische Ökonomie schon geschehen ist.

Ratnapala spricht zunächst davon, dass Demokratie im buddhistischen Denken nicht nur auf die Politik – etwa Parteipolitik – beschränkt ist, sondern auch die Sozialisation

---

[498] so schreibt das „Leidecker Center for Asian Studies"

[499] Leidecker, Kurt F.; Buddhism and Democracy, BPS, Sri Lanka, 1963, S.13

[500] Leidecker, Kurt F.; S.8 , a.a.O.

[501] Jones, Ken; Buddhism and social action, BPS, Sri Lanka, 1981, S.3

141

im Kleinen, wie in der Familie oder in der Wohngemeinde mit einschließt. Die Mönchsgemeinde sei ein gutes Beispiel für demokratische Sozialisation.

Im politischen Bereich sei die enge Beziehung zwischen Regierung und der Bevölkerung ein zentrales Element. Diejenigen, die die Macht haben und auch diejenigen, die die Macht anstrebten, sollten Persönlichkeiten mit gutem moralischem Charakter sein. Dies sei in modernen demokratischen Staaten nicht immer der Fall und würde deshalb große Probleme verursachen.
Andere westlich demokratische Prinzipien, wie das Konzept von Regierung und Opposition, die miteinander kämpfen, seien dem Geist buddhistischer Demokratie fremd, weil dadurch kein Vorteil zu gewinnen sei.

Sicher werden hier einige Einwände laut. In unserem Demokratieverständnis ist das Verhältniswahlrecht und die Bildung einer Regierung und der entsprechenden parlamentarischen Opposition die Norm. Das asiatische Verständnis von Demokratie orientiert sich aber eher an der Maxime „the winner takes it all."
In der buddhistischen Demokratie würden die Menschen als etwas sehr wertvolles betrachtet, als ein Schatz. Die Regierung sei für die Menschen da und nicht umgekehrt, und alles müsse sich um die Menschen als Individuen zentrieren.[502]
An erster Stelle sollten immer die Menschen stehen und alle Verwaltungsvorgänge sollten ihnen dienen.[503] Dabei sollten

---

[502]

Ratnapala, Nandasena; Buddhist Democratic Political Theory and Practise, Sri Lanka, 1997, S.21
[503] Ratnapala, Nandasena; S.22, a.a.O.

die Regierenden nicht nur reale weltliche, sondern auch spirituelle Macht haben. [504]

Es würde weiterhin fälschlicherweise oft gesagt, dass es im Buddhismus keine Wahlverfahren gäbe; dem sei aber nicht so, in den Vinaya Regeln der Mönche und Nonnen gäbe es viele Beispiele für Wahlprozesse.

Auch in einer Jātaka Geschichte[505] und dem Aggañña Sutta werden demokratische Wahlen beschrieben, wenn auch nicht in der von uns gewohnten Form.

Ratnapala bemerkt, es sei interessant zu beobachten, dass in der buddhistischen politischen Theorie die Bürger für die Qualität der Regierung verantwortlich gemacht werden, die sie gewählt haben. Falsches, inkompetentes Regieren sei so gesehen die Folge einer falschen Wahl.[506]

Es gibt aber bekanntlich auch buddhistische Länder, in denen nicht eine gewählte Regierung die Geschicke eines Landes bestimmt.

Ratnapala benennt acht Aspekte einer buddhistischen Demokratie:

1. Bestimmung der Regierung entweder durch Volkswahlen oder durch Erbfolge; dabei sind aber die inneren Qualitäten der Regierenden der wichtigste Faktor 2. Die Regierenden sollen sich bei allen Handlungen an den Menschen ausrichten und sie befragen 3. Die Berater sollen gelehrt und rechtschaffen sein 4. Erziehung ist als ein ununterbrochener Prozess zwischen der Regierung, den Beratern und der Bevölkerung anzusehen 5. Ein Leben ohne Angst soll möglich sein, unter anderem durch freie Meinungsäußerung und freie Medien 6. Die fünf Sittengebote sollen eingehalten werden 7. Gewalt solle vermieden werden; in Falle einer fremden

---

[504] Ratnapala, Nandasena; S.20, a.a.O.

[505] Buddha Gotama; The Jātaka, II, Ulūka Jātaka, Nr. 270, S.242

[506] Ratnapala, Nandasena; S.49, a.a.O.

Besetzung des Landes soll Gewalt auf ein Minimum beschränkt werden 8. Gerechtigkeit sowie der Schutz aller Lebewesen und der Umwelt soll garantiert sein.[507]

Ein anderer Autor hält fest, dass eine buddhistische Demokratie immer mit einer "moralischen Transformation der Gesellschaft"[508] einher gehen muss.
Eine weitere Liste von sechs Punkten für das Funktionieren einer buddhistisch beeinflussten Wirtschafts- und Gesellschaftsordnung ist folgende: Rationalität, Vermeidung von Ungleichheit, Ausgleich zwischen den Extremen, eine moralische Grundlage des Handelns, eine fortschreitende, dynamische Gesellschaft und Altruismus als Prinzip.[509]

Es stellt sich nun die Frage, ob der Versuch der Beschreibung einer Theravada-buddhistisch demokratischen Politik ein unzulässiger Eingriff in staatliche Bereiche eines Landes ist.

Dazu sei folgende Bemerkung erlaubt. In Deutschland gibt es keine Staatskirche. Fakt ist jedoch, dass schon die Präambel des Grundgesetztes mit den Worten beginnt: „Im Bewusstsein seiner Verantwortung vor Gott und den Menschen..." Das setzt sich in sehr vielen Bereichen des öffentlichen Lebens fort – angefangen vom staatlichen Eintreiben der Kirchensteuer bis hin zu den Schulgesetzten vieler Bundesländer, in denen eine Erziehung festlegt wird, die entlang christlicher Werte zu erfolgen hat. Christliche Symbole sind in vielen öffentlichen Einrichtungen zu finden.

---

[507] Ratnapala, Nandasena; S. XI (Einleitung), a.a.O.

[508] Swaris, Nalin; Democratic impulses in Buddhism, CWN Network of Theological Enquiry, London

[509] Sharma, S.N.; Buddhist Social and Moral Education, Dehli, 1994, S.53; zitiert aus und übersetzt von Brodbeck, Karl-Heinz; Buddhistische Wirtschaftsethik, Aachen, 2002, S.98

Die Mitglieder nichtchristlicher Religionen – also auch Buddhisten – und ebenso konfessionslose Bürger sind nach Recherchen des Diplom - Politologen Carsten Frerk in hohem Maße verpflichtet, die Kirchen finanziell zu unterstützen. Im Jahre 2009 flossen nach seinen Berechnungen 19,290 Milliarden Euro an staatlichen Zuwendungen – also Steuergelder der Allgemeinheit – an die Kirchen. Und dies sind *zusätzliche* Gelder, unabhängig von den 9,3 Milliarden Euro Kirchensteuern 2009 von Mitgliedern der Kirchen. Eine strenge Trennung von Staat und Religion haben wir also in Deutschland nicht.[510]

Wenn wir hier in unserer Exploration von buddhistisch demokratischer Politik sprechen, kommt es uns auf die beschriebenen Inhalte an, nicht auf die Bezeichnung „buddhistisch."

Der Buddha Gotama selbst hat übrigens nie politische Allianzen oder Schutzschirme durch Machthaber gesucht. Es gab Förderer des Buddha Gotama – etwa den König Pasenadi und den König Bimbisāra. Sie wurden vom Buddha Gotama jedoch nicht explizit aufgefordert, die Lehre zu propagieren, sondern unterstützten ihn aus innerer Überzeugung.

Schlussbemerkung

Ich bin kein Pāli Experte, kein Indologe und auch kein Politikwissenschaftler.[511]

510

Frerk, Carsten; Violettbuch Kirchenfinanzen, Aschaffenburg, 2010. Zitat analog der Rezension dieses Buches in DIE ZEIT vom 14.11.10. Eine lange Liste wenig bekannter Verquickungen von Staat und christlicher Kirche in Deutschland und somit der Zweckentfremdung von Steuergeldern ist auch nachzulesen in: Dahl, Edgar; Zur Trennung von Staat und Kirche, 2009, in www.wissenslogs.de

Mit dem Verfassen dieses Artikels wollte ich selber eine gewisse Klarheit darüber finden, ob Theravāda-Buddhismus und politisches Engagement in Deutschland zusammen passen, um dann entsprechende Konsequenzen ziehen zu können. Falls dieser Artikel bei den Lesern dieselbe Wirkung hat, freut mich dies. Es ist mir zum Beispiel folgendes klar geworden:

1. Es gibt einen Spannungsbogen zwischen dem Streben nach individueller Befreiung, Nibbāna und sozialpolitischem Handeln. Manche lösen diesen Spannungsbogen auf, indem sie einen der beiden Pole ausblenden und sich entweder allein auf Meditation[512] oder aber allein auf den Engagierten

---

511

Ich bin Diplompädagoge. Es gibt ja den – etwas bösen – Spruch, dass ein Akademiker lernt, was andere gelernt haben; ein Praktiker jedoch selber lernt. Vielleicht können wir ja Akademiker und Praktiker zugleich sein.

512

Sowohl der Ehrenwerte Nyānaponika Mahāthera als auch Sayagyi U Ba Khin sehen Meditation als den „einzigen Weg." (Nyānaponika Mahāthera; Der einzige Weg, Konstanz, 1980; Sayagyi U Ba Khin; Das ist Buddhismus, Bern, 1999, S.9) Sayagyi U Ba Khin hat jedoch – wie schon beschrieben – in seinem ganzen Leben in mehreren sehr verantwortungsvollen Positionen in der Gesellschaft gestanden und damit bewiesen, dass Meditation nicht gleichbedeutend mit Rückzug aus dem Alltag ist sondern im Gegenteil Kräfte freisetzten kann, um für das Gemeinwohl aktiv zu sein. Im Visuddhi Magga steht: "Ekāyano ayam, bhikkhave, maggo sattānam visuddhiyā." Nyānatiloka Mahāthera übersetzt: „Dieser Weg, ihr Mönche, ist der einzige Weg zur Reinheit..." – nämlich die vier Grundlagen der Achtsamkeit = Meditation – (Buddhaghosa Thera; Visuddhi Magga, S.3, a.a.O.) Unter Indologen ist diese Übersetzung allerdings umstritten. Prof. Dr. Konrad Klaus (Universität Bonn) übersetzt: „Eine Einheit bildet, Mönche, dieser Weg hier zur Reinheit..." (persönliche Mitteilung). Dr. Mahinda Deegalle (Universität Bath) schreibt: „Streng gesehen war das Ziel der Vollzeitschüler (der Mönche und Nonnen) einzig das Erreichen von Nibbāna. Vielleicht wegen dieser soteriologischen Orientierung präsentiert das Satipaṭṭhāna Sutta den religiösen Pfad als den einen Pfad." (Soteriological Fundamentalism and Interreligious Dialogue; Current Dialogue, 37, 2001, S.9-12). Eine weitere Übersetzungsmöglichkeit bietet der Ehrenwerte Anālayo Bhikkhu mit „der direkte Pfad" (Anālayo Bhikkhu; S.27, a.a.O.) Im Pali -English Dictionary steht: „leading to one goal", also „zu einem Ziel führend." (Pali-English Dictionary, PTS, London, 1997). Frau Dr. Roesler (Universität Freiburg) liest im Pāli Text des Kommentars zum DN – das ist die Sumaṅgalavilāsinī von Buddhaghosa Thera; III,

Buddhismus konzentrieren. Andere verbinden die beiden Pole erfolgreich. Jeder muss hier seinen eigenen Weg finden. Je nachdem an welchem Punkt der Vervollkommnungen, Pāramī man sich befindet, legt man entweder mehr Schwergewicht auf Danā, Sīla oder Bhavanā.

Bhavanā beinhaltet hier alle Formen der Meditation, also die vierzig Sammlungsmethoden, zu denen auch die Brahmavihāras gehören, sowie die Meditation, die zu Weisheit führt, nämlich die Meditation über die drei Merkmale Dukkha, Anicca und Anattā.

Sīla bedeutet für Laienschüler primär das Beherzigen der fünf oder acht Sittengebote. Danā bedeutet das Geben, das Üben der Freigebigkeit.

Sīla wird aber vom Buddha nicht nur im Sinne des Vermeidens von Negativem (nicht zu töten etc.) sondern auch im Sinne des Ausübens von Positivem beschrieben. Diese Empfehlungen des Buddha Gotama wurden zum Teil bereits geschildert: etwa die Erfüllung der Pflichten gegenüber den Eltern, den Kindern, den Lehrern, älteren Menschen generell, Hilfestellungen für Bedürftige sowie die charakterliche Festigung durch angenehme Verhaltens-

---

S.743, PTS, London – den Begriff „Ekāyano" wie folgt: „nicht zweifach", (d.h. nicht unterschiedlich), „der Weg, der sich in acht Glieder unterteilen lässt, ist vom Sinn her einer", aber auch: „ein Weg, den man alleine geht." Buddhaghosa Thera würde explizit mehrere alternative Erklärungsmöglichkeiten dieses Begriffes nennen (persönliche Mitteilung). Der Ehrenwerte Anālayo Bhikkhu benennt 14 Lehrreden des Buddha Gotama, in denen dieser zur Meditation ermahnt und 20 Lehrreden, in denen es Beschreibungen von Meditierenden gibt (Anālayo Bhikkhu; S.254, a.a.O.). Er sagt, dass es viele Beschreibungen von Laienschülern gibt, die in der Achtsamkeitsmeditation fortgeschritten waren (Anālayo Bhikkhu; S.275, a.a.O.) Zu der Zeit, in der der Buddha Gotama lebte, gab es in Sāvatthi und Umgebung im Königreich Kosala von König Pasenadi etwa 90 Millionen Menschen. Von diesen waren etwa 50 Millionen Ariya Puggala (Buddhist Legends, Dhammapada Commentary; PTS, London, 1979, I, S.147). Ariya Puggala sind Menschen, die mindestens die erste Stufe des Erwachens erreicht haben. Da es im Verhältnis zur den Laien nur wenige Mönche gab, bedeutet dies, dass zu Lebzeiten des Buddha Gotama außerordentlich viele Laienschüler das Erwachen realisiert hatten.

147

weisen und Gebräuche. Die Fachausdrücke für diese beiden Formen von Sīla sind: Caritta Sīla und Vāritta Sīla.[513]

In der Anguttara Nikāya wird die Lehre wie folgt zusammengefasst: Freigebigkeit, Sittlichkeit, Meditation.[514]

Der Ehrenwerte Ledi Sayadaw weist darauf hin, dass Verhalten, Carana und Wissen, Vijjā in einem ausgewogenen Verhältnis stehen müssen.[515] Das dreifache Training, Sikkhā, besteht nämlich aus Sittlichkeit, Sammlung und Wissen, wie schon auf der ersten Seite dieser Exploration ausgeführt. Hierbei gehört Sittlichkeit und Sammlung zu Verhalten, Carana. Vijjā ist synonym mit Paññā. Beide Begriffe bedeuten Wissen oder Weisheit, erworben mittels Meditation.

Dies könnte also konkret bedeuten, dass es nicht genügt, sich für soziale Projekte zu engagieren, ohne dabei nicht gleichzeitig zu meditieren. Genauso wird eine Meditationspraxis, die mit asozialem Verhalten gepaart ist, ihr Ziel verfehlen.

2. Oft ist es so, dass, sobald sozialpolitische Fragestellungen ins Spiel kommen, die ursprüngliche Lehre des Buddha Gotama ergänzt wird mit Richtungen, die erst nach dem Parinibbāna, dem Verlöschen des Buddha Gotama entstanden sind, wie Mahāyāna,[516] Vajrayāna und Zen.[517] Beispiele hierfür

---

513

Buddhaghosa Thera; Visuddhi Magga; Der Weg zur Reinheit, erste deutsche Übersetzung durch Nyānatiloka Mahāthera, S.14, a.a.O.

514

„Drei Arten des verdienstlichen Wirkens gibt es, ihr Mönche. Welche drei? Das im Geben bestehende verdienstliche Wirken, das in der Sittlichkeit bestehende verdienstliche Wirken und das in der Geistesentfaltung bestehende verdienstliche Wirken." Buddha Gotama; AN, IV, S.135; siehe auch: Nyānatiloka Mahāthera; Buddhistisches Wörterbuch, Stichwort: „puñña kiriya vatthu", S.183, a.a.O.

515 Ledi Sayādaw; a.a.O., S.171

516

sind der Ehrenwerte Buddhadāsa Bhikkhu, Sulak Sivaraksa und wohl auch die Mehrzahl der engagierten Buddhisten in Deutschland.[518] Dies ist nicht mein Weg.

3. Rechter Lebenserwerb ist ein integraler und wichtiger Bestandteil des Edlen-Achtfachen-Pfades zum Nibbāna, genau wie die vier göttlichen Verweilungszustände, die Brahma- vihāras (Güte, Mitleid, mitfühlende Freude und Gleichmut – Mettā, Karunā, Mudita, Uppekkhā) in der Lehre des Buddha fundamental sind. Es gibt weiterhin eine Vielzahl von Aussagen des Buddha Gotama zu gesellschaftlichen, ökonomischen und politischen Fragestellungen, die ich als

---

Der Ehrenwerte Walpola Rahula aus Sri Lanka widerspricht dem gängigen Bild, dass im Theravāda-Buddhismus immer das Arahat-Ideal angestrebt würde und im Mahāyāna das Bodhisatta-Ideal. Er erklärt, dass auch im Theravāda das Bodhisatta-Ideal anzutreffen ist. Er sagt: "Die Begriffe Hinayāna (Kleines Fahrzeug) und Mahāyāna (Großes Fahrzeug) sind in der Theravāda Literatur in der Pali-Sprache unbekannt." in: Gems of Buddhist Wisdom; Publications of the Buddhist Missionary Society, Kuala Lumpur, Malaysia, 1983, S.461-471. Übersetzung von Klaus Kaczerowski, überarbeitet von Franz-Johannes Litsch (Netzwerk engagierter Buddhisten). www.buddhanetz.de
517

Es sei an dieser Stelle das Vorwort von „The Mirror of The Dhamma" des Ehrenwerten Nārada Mahā Thera (Sri Lanka, 1975, S.9) wiedergegeben: "...viele verschiedene Arten von Ritualen, manche davon lediglich eine Farce der Lehren des Buddha haben sich im Westen durchgesetzt... Dies ist so gekommen, weil die westlichen Studenten als erstes durch degenerierte chinesische Sanskritquellen des sogenannten Mahāyāna Buddhismus mit Dhamma in Kontakt gekommen sind. Die Verfasser dieses Kauderwelschs waren korrupte Mönche, die vom Mönchsorden ausgestoßen wurden als noch die Arahats das Schicksal der Lehren des Buddha bestimmten." Auch der Gründer und erste Präsident der PTS, T.W. Rhys Davids ging davon aus, dass „die Nördlichen Buddhisten den Edlen Achtfachen Pfad völlig vergessen hatten" und ihn unter „metaphysischen Spekulationen erstickt" hatten. Zu finden in der Übersetzung der DN, III, S.198, PTS, London, 2002 (erste Ausgabe 1910).
518

Manche Autoren sind der Meinung, dass in Asien die Theravāda-Buddhisten mehr politisches Engagement zeigen als die Anhänger des Mahāyāna: „Es gibt heute im buddhistischen Asien im Bereich des Theravāda mehr soziales, ökologisches und politisches Engagement, das häufig von Ordinierten inspiriert und mitgetragen wird, als in den Ländern des Mahāyāna." Gruber, Hans; Kursbuch Vipassanā, Frankfurt, 2001, S.257.

Anregung für das eigene Handeln nutzen kann. Dabei gilt es immer im Auge zu behalten, dass der buddhistische Begriff Dukkha – Leiden, Leidhaftigkeit – vorrangig intrapersonal zu verstehen ist.[519]

4. Es gibt bei manchen Menschen die Einstellung, dass Politik – besonders Parteipolitik – ein schmutziges Geschäft ist. Weiterhin wird oft angenommen, dass Macht korrumpiert.[520] Dies wird nicht ohne Grund so gesagt.[521] Ich habe jedoch den deutschen Sozialstaat schätzen gelernt und möchte gerne

---

519

Siehe dazu auch: Deitrick, James E.; S.261, a.a.O. So entsteht auch die Motivation, den Edlen-Achtfachen-Pfad zu beschreiten, primär durch eine innere Ergriffenheit und ein Dringlichkeitsgefühl – samvega vatthu – bezüglich der Tatsache, dass wir in der Vergangenheit, der Gegenwart und der Zukunft dem Daseinskreislauf ausgesetzt sind. (Buddhagosa Thera; Visuddhi Magga, Kap. IV, S.159, a.a.O.)

520

So gibt denn Dhammananda Mahā Thera auch den dringenden Rat, dass ein Buddhist nicht die Religion missbrauchen sollte, um politische Macht zu erringen. Dhammananda Mahā Thera; Buddhism and Politics, ohne Jahrgang und Ortsangabe, in: www.buddhanet.net

521

Dh. Dhammaketu sagt dazu: „Das Problem entsteht nur, wenn eine Partei an die Regierung kommt. Wenn eine Menge Geld oder Macht im Spiel ist, dann wird es gefährlich. Politik und Spiritualität sind nicht notwendigerweise gegensätzlich." in: www.fwbo.de Übrigens ist in Österreich – meines Wissens zum ersten Mal – eine große Volkspartei (die SPÖ) im deutschsprachigen Raum dazu übergegangen, Buddhismus und Parteipolitik offiziell in einer „Arbeitsgruppe der Bildungsorganisation der Wiener SPÖ" zu verbinden. Zitat aus dem Internetauftritt: "Wir fühlen uns daher sowohl als Buddhisten und Buddhistinnen als auch als politisch denkende Menschen verpflichtet, uns für eine bessere Welt einzusetzen und engagieren uns deshalb auf der Grundlage unserer Werte in der österreichischen Sozialdemokratie. Wir wollen gemeinsam die Gesellschaft in Richtung Befreiung und soziale Gerechtigkeit weiter entwickeln." in: www.redbuddha.at
Österreich hat 1983 als erstes europäisches Land die staatliche Anerkennung des Buddhismus als öffentlich-rechtliche Religionsgemeinschaft erreicht. Das ist in Deutschland (noch?) nicht der Fall. Dazu aus einem „Papier AG Zukunft" zitiert im Buddhismus Forum, Diskussionsforum der DBU im Internet, ohne Jg.: „Der entscheidende Vorteil einer Anerkennung ist jedoch die gesellschafspolitische Wirkung dadurch, dass der Buddhismus den etablierten Religionen auf Augenhöhe begegnen kann."

meinen Teil dazu beitragen, eine Bringschuld zu begleichen, in welcher Form auch immer.

Seit geraumer Zeit gibt es ja den Begriff der „deutschen Leitkultur". [522] Ich habe damit keine großen Schwierigkeiten, solange man mich nicht zwingt, einen Schöpfer- oder Seelenglauben anzunehmen. Theravāda-Buddhisten stehen in Deutschland nicht im Verdacht, sich nicht problemlos assimilieren zu können. Die Errungenschaften der demokratischen Gesellschaft in Deutschland sind meines Erachtens groß; da kann man mit diesem etwas diffusen Begriff leben.

5. Einzelne Personen[523] und Ideologien haben es in der Vergangenheit geschafft und können es möglicherweise auch in der Zukunft schaffen, die Lehre des Buddha für egoistische Zwecke zu missbrauchen. Seien wir deshalb besonders achtsam! Es gibt mannigfaltige Tendenzen, die Lehre des Buddha zu modifizieren oder „anzupassen."[524] Lasst uns unseren Teil dazu bei tragen, dass dies nicht passiert.

Möge der reine Dhamma von langer Dauer sein!

---

[522]

„Die *Deutsche Leitkultur* ist von der Pons-Redaktion zum "Unwort des Jahres 2000" bestimmt worden." Der Tagesspiegel, Berlin, 15.11.2000

[523]

Einen interessanten Gedanken zum Missbrauch auf der persönlichen Ebene formuliert Gruber, Hans; 2001, S. 256, a.a.O. „Das in manchen traditionellen Formen des Theravāda betonte Selbsterlösungsideal kann im Westen in Kombination mit dem hiesigen Kult des Individuums zu einer Art spirituellem Egoismus führen."

[524]

Ein Beispiel habe ich in „Der Mittlere Weg", Zeitschrift des Buddhistischen Bundes Hannover, gefunden, Mai – August 2008, Nr.2, S.26, wo der Buchentwurf eines Theravāda Mönches angekündigt wird. In diesem Buch würde denn ein „moderner Theravāda", ein „neuer Buddhismus" vorgestellt werden, der eine „Vermischung katholischer Praktiken mit den besten Praktiken des Vinaya" beinhaltet.

Anmerkung zum Literaturverzeichnis und Danksagung

Das Verzeichnis erhebt keinen Anspruch auf Vollständigkeit und enthält lediglich die für diese Exploration benutzte Literatur.

Die Auswahl der englischen und deutschen Übersetzungen aus dem Pali erfolgte nach dem Kriterium einer möglichst authentischen Wiedergabe der Worte des Buddha. Dies kann ich als Nichtindologe aber nur beschränkt beurteilen. Es wurden zum Teil ältere Publikationen und Ausgaben benutzt. Die deutschen Übersetzungen aus dem Englischen erfolgten durch mich selbst. Fehler bitte ich zu verzeihen. Römische Ziffern (I, II,...) bezeichnen die jeweiligen Bände der betreffenden Ausgabe.

An dieser Stelle danke ich der Pāli Text Society (PTS), die fast den gesamten Tipiṭaka in englischer Sprache publiziert hat, meiner Ehefrau für ihre Geduld, meiner Lektorin, allen Autoren, die ich zitieren konnte und hoffentlich richtig zitiert habe und am meisten natürlich meinen buddhistischen Lehrern, die aber in keiner Weise an diesem Buch beteiligt waren.

Das umfangreiche Sortiment buddhistischer Literatur der Buddhist Publication Society (BPS), Sri Lanka war besonders hilfreich.

Der Verlag Beyerlein & Steinschulte hat große Teile des Pāli Kanons in deutscher Sprache publiziert.

Originaltexte in der Pāli-Sprache sind zu finden auf: www.palikanon.com.

Folgende deutsche und englische Übersetzungen aus dem Pāli Kanon (Sutta Piṭaka) wurden benutzt:

DN Dīgha-Nikāya, Dialogues of the Buddha; 3 Vol, T. W. Rhys Davids, PTS, Oxford, 2002

AN Anguttara-Nikāya, Die Angereihte Sammlung der Lehrreden des Buddha; 5 Bände, Nyānatiloka Mahāthera, Aurum Verlag, Freiburg, 1984

MN Majjhima-Nikāya, The Middle Length Sayings; 3 Vol. I. B. Horner, 1995-1977, PTS, London;

SN Samyutta-Nikāya, The Book of the Kindred Sayings, 5 Vol. F. L. Woodward, Mrs. Rhys Davids, 1975-1982, PTS, London

KN Khuddaka-Nikāya: Nachweise unter: "Buddha ...." oder unter "The..."
Dhammapada
Sutta Nipata
The Jātaka
The Minor Anthologies of the Pali Kanon: Buddha Vamsa
The Therāgatā
The Mahāvaṃsa
The Path of Discrimination, Paṭisambhidāmagga

Gesamtes Literaturverzeichnis

Allen, Douglas; Religion and Political Conflict in South Asia, Westport, 1992

Anālayo Bhikkhu; Satipaṭṭhāna, Cambridge, 2008; erscheint demnächst auf Deutsch beim Verlag Beyerlein & Steinschulte

Ariyaratne, A.T.; Waking everybody up, in: Kotler, Arnold (Hrsg.) Engaged Buddhist Reader, Berkeley, 1996

Badinger, Allan Hunt (Hrsg.); Mindfulness in the Marketplace, Compassionate Response to Consumerism, Berkeley, 2002

Bartholomeusz, Tessa; First among Equals: Buddhism and the Sri Lanka State, in: Harris, Ian (Hrsg.); Buddhism and politics in twentieth-century Asia, New York, London, 1999

Bartholomeusz, Tessa; In Defence of Dharma: Just-War Ideology in Buddhist Sri Lanka, Journal of Buddhist Ethics, 6 (1999)

Baumann, Martin; Helmut Klar – Zeitzeuge zur Geschichte des Buddhismus in Deutschland, Verlag Beyerlein & Steinschulte, Stammbach, 2007

Baumann, Martin; Deutsche Buddhisten – Geschichte und Gemeinschaften, Dissertation, Hannover, 1991

Bechert, Heinz; Buddhismus, Staat und Gesellschaft in den Ländern des Theravāda Buddhismus, 3 Bände, Institut für Asienkunde Hamburg, 1966/67

Bechert, Heinz; Gombrich, Richard; Der Buddhismus, Geschichte und Gegenwart; München, 2000

Bhikkhu Bodhi; Wege in die Zukunft, Deutsche Buddhistische Union, 2007

Bhikkhu Khantipalo; Aggression, War and Conflict, BPC, Sri Lanka, 1986

Bischoff, Roger; Buddhism in Myanmar, A short history, BPC, Sri Lanka, 1995

Bodhi Baum – Zeitschrift für Buddhismus; 12. Jahrgang 2/3, Wien 1987, Theravāda Buddhismus in der Tradition von Sayagyi U Ba Khin

Bohn, Wolfgang; Nach fünf Jahren; ein Rückblick auf die buddhistischen Strömungen der letzten Jahre, Zeitschrift für Buddhismus, 1920, 2. Jahrgang, Heft 1, S.6-7

Bond, Georg D.; Sarvodaya Shramadanas quest for peace, in: Queen, Christopher; Action Dharma, London, 2003

Brodbeck, Karl-Heinz; Buddhistische Wirtschaftsethik, Aachen, 2002

Brodbeck, Karl-Heinz; Finanzkrise: Im Netz der gegenseitigen Abhängigkeit, in: Tibet und Buddhismus, Heft 88, 2009, S.54

Brodbeck, Karl-Heinz; Die Finanzkrise als Götterbote, in: Ursache und Wirkung, Heft 66, 2008, S. 42-43

Bruhn, Thomas; Theorie und Praxis der Atmungsachtsamkeit, in: Bühler, Karl-Ernst; Therapie und Spiritualität, Gladenbach, 1989

Bub, Ralf; Der Buddhismus in der westlichen Gesellschaft, Magisterarbeit, Universität Freiburg, 2006

Buddha Gotama; The Middle Length Sayings (MN), The Book of the Kindred Sayings (SN), The Collection of Long Discourses (DN), PTS, London und Oxford, verschiedene Jahrgänge

Buddha Gotama; Dhammapada, KN, aus dem Pāli übersetzt von Nyānatiloka Mahāthera, Jhana Verlag, Oy-Mittelberg, 1992

Buddha Gotama; Sutta Nipata, KN, aus dem Pāli übersetzt von Nyānatiloka Mahāthera, Christiani Verlag, Konstanz, 1977; Neuauflage beim Verlag Beyerlein & Steinschulte, Stammbach

Buddha Gotama; Die Lehrreden des Buddha aus der Angereihten Sammlung, AN, aus dem Pāli übersetzt von Nyānatiloka Mahāthera, Aurum Verlag, Freiburg, 1984

Budda Gotama; The Jātaka; Stories of The Buddhas Former Births, KN, PTS, I-V, London, 1981;

Buddhadāsa Bhikkhu; Ānāpānasati, die sanfte Heilung der spirituellen Krankheit, München, 2002

Buddhadāsa Bhikkhu; Zwei Arten der Sprache, Zürich, 1957

Buddhaghosa Thera; Visuddhi Magga, Der Weg zur Reinheit, aus dem Pāli übersetzt von Nyānatiloka Mahāthera, Christiani Verlag, Konstanz, 1975, Neuauflage von Jhana Verlag, 2002, Oy-Mittelberg; Übersetzung ins Englische von Bhikkhu Nanamoli, BPS, Kandy, 1979

„Buddhismus aktuell"; Herausgeber: Deutsche Buddhistische Union, München, Ausgabe 2/2008 „Meditation" und Ausgabe 1/2004 „Buddhismus in Deutschland"

Buddhist Legends; Dhammapada Commentary, PTS, London, 1979

Bünte, Marco; Myanmar: Autoritarismus im Wandel, GIGA Focus Asien, Nr. 7, 2008

Bünte, Marco; Myanmar und die Wahlen; Focus Asien, Nr.34, Essen, 2010

Busch, Peter; Verhindert die Karma-Lehre soziales Engagement? in: Lotusblätter 3/90, DBU, München

Butwell, Richard; U Nu of Burma, Stanford, 1963

Candland, Christopher; Faith as social capital: Religion and community development in Southern Asia, in: Policy Science 33, S.335-374, Jg. 2000

Chakravarti, Uma; The Social Dimension of Early Buddhism, Dehli, 1987

Chronik des Buddhismus in Deutschland; Deutsche Buddhistische Union, München, 1985

Darlegung der Bedeutung – Atthāsalinī, übersetzt von Bhikkhu Nyānaponika, PTS, Oxford, 2005

Deegalle, Mahinda; Is Violence Justified in Theravāda Buddhism? Current Dialogue 39 (2002), 8-17

Deegalle, Mahinda; Soteriological Fundamentalism and Interreligious Dialogue, Current Dialogue 37 (2001), 9-12

Deitrick, James E.; Engaged Buddhist Ethics; mistaking the boat for the shore, in: Queen, Christopher; Action Dharma, London, 2003

Der Mittlere Weg (majjhima-patipada); Zeitschrift des Buddhistischen Bundes Hannover e.V., Mai-August 2008, Nr. 2

Dhammananda Mahā Thera; Buddhism and Politics, ohne Jahrgang und Ortsangabe, in: www.buddhanet.net

DIE ZEIT; 29.4.1948; 12/2007; 29.7.2010; 14.11.2010

Evola, Julius; The Doctrine of Awakening, The Attainment of Self-Mastery according to the earliest Buddhist Texts, Rochester, 1996

Eugster, Jörg; Reise in den Westen, Buddhismus im Okzident - ein Überblick, Ursache & Wirkung, 14.Jg, Nr.49, 2004

Freiberger, Oliver; The meeting of Traditions, Inter-Buddhist und Inter-Religious Relations in the West, Journal of Global Buddhism, Vol.2, 2001

Frerk, Carsten; Violettbuch Kirchenfinanzen, Aschaffenburg,2010

Fielding, Harold; Das Lieblingsvolk Buddhas, Berlin, 1931

Gethin, Rupert; Can Killing a Living Being Ever Be an Act of Compassion? The analysis of the act of killing in the Abhidhamma and Pāli Commentaries; Journal of Buddhist Ethics Vol. 11 (2004)

Genau, Gerhard; 100 Jahre Buddha-Bücher, Bibliographie des deutschsprachigen Theravāda Buddhismus, Verlag Beyerlein & Steinschulte, Stammbach, 1998

Ghosananda, Mahā; Letting go of Suffering, in: Kotler, Arnold (Hrsg), Engaged Buddhist Reader, Berkeley, 1996

Ghosananda, Mahā; Wenn der Buddha lächelt, Freiburg, 1997

Golzio, Karl-Heinz; Eine kritische Betrachtung des neuen Buches von Victor und Victorioa Trimondi, in: www. info-buddhismus.de

Gombrich, Richard; Der Theravāda Buddhismus, Stuttgart, 1997

Gombrich, Richard; Theravāda Buddhism, A Social History from Ancient Benares to Modern Colombo, London, 1988

Grabowsky, Volker; Buddhism, power and political order in pre-twentieth century Laos, in: Harris, Ian; Buddhism, Power and Political Order, New York, 2007

Gruber, Hans; Kursbuch Vipassanā, Frankfurt, 2001

Gunkel, Horst (Hrsg); Buddhismus und Wirtschaft, Werkstattreihe sozial, humanitär und ökologisch engagierter Buddhismus, Hanau, Band 2, ohne Jahrgang

Gunkel, Horst (Hrsg); Engagierter Buddhismus, Gelbe Reihe, Zeitschrift ohne kommerzielle Werbung, Heft 1 bis 7, 2002-2005

Hardy, Edmund; König Asoka, Mainz, 1902

Harris, Ian; Buddhism and Extremis: The case of Cambodia, in: Harris, Ian (Hrsg.); Buddhism and politics in twentieth-century Asia, New York, London, 1999

Harris, Ian; Buddhism, Power and Political Order, New York, 2007

Herbert, Wolfgang; Eine kleine Geschichte des Buddhismus im deutschen Sprachraum im Überflug; Journal of Language and Literature. The Faculty of Integrated Arts and Sciences/University of Tokushima Vol. XIV (Dec. 2006), 107-202

Hecker, Helmut; Lebensbilder deutscher Buddhisten, Stammbach, Verlag Beyerlein & Steinschulte, Neuauflage 2007

Hecker, Helmut; Der erste deutsche Bhikkhu – Das bewegte Leben des Ehrwürdigen Nyānatiloka Mahāthera, Stammbach, Verlag Beyerlein & Steinschulte, Stammbach, Neuauflage 2007

Hecker, Helmut; Grundlagen buddhistischer Sozialarbeit, in: Lotusblätter, 3/1989, DBU, München

Hieber, Markus; Buddhismus in der Nazizeit, Entwurf für einen Beitrag für eine Radiosendung, Berlin, 1999/2000

Houtmann, Gustaaf, Traditions of Buddhist Practice in Burma, Dissertation, School of Oriental and African Studies, London, 1990

Houtmann, Gustaaf; The Culture of Burmese Politics, Interview, The Irrawaddy, Chiang Mai, 1.1.2004

IMC-Newsletter, Heddington, UK, verschiedene Jahrgänge

Jackson, Peter; Buddhadāsa, A Buddhist Thinker For The Modern World, Bangkok, 1988

Joest, Anja; Politisches Engagement jenseits von Parteistrukturen; Dissertation, Universität Tübingen, 2008

Jones, Ken; Buddhism and social action, BPC, Sri Lanka, 1981

Karuna Kusalasaya; Buddhism in Thailand, BPC, Sri Lanka, 1965

Kern, Fritz; Asoka – Kaiser und Missionar, Bern, 1956

King, Sallie; Being Benevolence, The Social Ethics of Engaged Buddhism, Hawaii, 2005

Klar, Helmut; Der Buddhismus zur Nazi-Zeit in Deutschland und Frankreich, Deutsche Buddhistische Union, 1991

Köppen, Karl Friedrich; Die Religion des Buddhismus und ihre Entstehung, Berlin, 1859

Kotler, Arnold; Buddhismus muss engagiert sein, Buddhistische Hefte des Öko Büro Hanau, Heft 4, 1993

Kotler, Arnold (Hrsg); Engaged Buddhist Reader, Berkeley, 1996

Ladwig, Patrice; Applying Dhamma to Contemporary Society; Socially-Engaged Buddhism and Development Work in the Lao PDR, in: Juth Pakai, Issue 7, 2006

Ledi Sayādaw; The Manuals of Buddhism, Union Buddha Sāsana Council, Yangon, 1965

Leidecker, Kurt F.; Buddhism and Democracy, BPC, Sri Lanka, 1963

Lily de Silva; Ministering to the Sick and Terminally Ill, BPC, Sri Lanka, 1994

Litsch, Franz-Johannes; Der Beitrag des Buddhismus zur Überwindung von Gewalt, in: Engagierter Buddhismus, Hanau, Gelbe Reihe, Heft 3, 2002/03

Litsch, Franz-Johannes; Buddhismus und Gesellschaft, Werkstattreihe sozial, humanitär und ökologisch engagierter Buddhismus, Heft 1, Hanau, 2000

160

Litsch, Franz-Johannes; Ich konsumiere, also bin ich; in: Buddhismus aktuell 4/2006, S.10-13

Loy, David; The Great Awakening, A Buddhist Social Theory, Somerville, 2003
Lütkehaus, Ludger; Nirwana in Deutschland, München, 2004

Martin, Stuart-Fox; Laos: From Buddhist Kingdom to Marxist State, in: Harris, Ian (Hrsg.), Buddhism and politics in twentieth-century Asia, New York, London, 1999

Matthews, Bruce; The Legacy of Tradition and Authority: Buddhism and the Nation in Myanmar, in: Harris, Ian; Buddhism and politics in twentieth-century Asia, New York, London, 1999

McKenzie, Rory; New Buddhist Movements in Thailand: Towards an understanding of Wat Phra Dhammakaya and Santi Asoke, Oxon, 2007

Mendelson, Michael; Saṅgha and State in Burma, Cornell University Press, 1975

Messing, Marcel; Der Buddhismus im Westen; München, 1997

Metzger, Heinz-Jürgen; Gesellschaftspolitische Äußerungen von Buddhisten in Deutschland von 1903-1933" "Buddhismus aktuell", Heft 1/2004

Müller, Uwe; Buddhismus im Westen, Neue Impulse für die Sozialarbeit, Diplomarbeit, Fachhochschule Bremen, 1994

Musiolik, Joerg; Buddhismus und innovatives Unternehmertum, Seminararbeit 2002, Universität Marburg

Nārada Mahā Thera; The Mirror of the Dhamma, Sri Lanka, 1975

Nārada Mahā Thera; A Manual of Abhidhamma, BPS, Sri Lanka, 1968

Neumann, Mareke; Engagierter Buddhismus, Dissertation, Universität Bremen, 2005

Nikam, N.A., McKeon, Richard; The Edicts of Asoka, Chicago, 1959

Notz, Klaus-Joseph; Der Buddhismus in Deutschland in seinen Selbstdarstellungen, Dissertation, München,1982

Nyānaponika Mahāthera; Der Einzige Weg, Christiani Verlag, Konstanz, 1980

Nyānaponika Mahāthera; The Four Sublime States, BPC, Sri Lanka, 1998

Nyānaponika Mahāthera; Right Protection, The Light of the Dhamma, Vol II, Nr.1, S.10, 1953

Nyānatiloka Mahāthera; Buddhistisches Wörterbuch, Christiani Verlag, Konstanz, 1976, Neuauflage beim Verlag Beyerlein & Steinschulte, Stammbach

Pandit Kamburupitiye Ariyasena Mahāthera; Eine Einführung in die Buddhistische Staats-Philosophie, Kandy, 1986

Payer, Alois; Soziale und politische Aspekte des Theravāda-buddhismus,Vortrag,1996, www.payer.de/einzel/soziales.htm

Payulpitack, Suchira; Buddhadāsas Movement: An Analysis of its origins, development and social impact, Dissertation, Universität Bielefeld, 1991

Payutto, P. A.; Buddhistische Ökonomie, Bern, 1999

Payutto, P. A.; Saṅgha: Die ideale Weltgemeinschaft, in: Engagierter Buddhismus, Gelbe Reihe, Heft 3, 2002/03

Payutto, P. A.; A Constitution for Living, Bangkok, 1998; (auf Deutsch jetzt ebenfalls vorhanden: Ein Grundgesetz für das Leben, Wat Srinagarindravararam, Gretzenbach, Schweiz)

Perera, H. R.; Buddhism in Sri Lanka, A Short History, BPC, Sri Lanka, 1988

Piyadassi Thera; The Seven Factors of Enlightenment, BPC, Sri Lanka, 1960

Ratnapala, Nandasena; Buddhist Democratic Political Theory and Practise, Sarvodaya Vishva Lekha Publication, Sri Lanka, 1997

Rahula, Walpola; Was der Buddha lehrt, Bern, 1982

Rahula, Walpola; Buddhismus in der „realen Welt", in: Whitmyer, Claude; Arbeit als Weg, Frankfurt, 1996

Rahula, Walpola; The Heritage of The Bhikkhu, New York, 1974

Ray, Niharranjan; Theravada Buddhism in Burma; Bibleotheca Orientalis, Leiden, 1946

Ruenkaew, Pataya; Heirat nach Deutschland, Motive und Hintergründe thailändisch-deutscher Eheschließungen, Frankfurt, 2003

Roy, Kumkum; Women in Early Indian Societies, India, 1999

Sarkisyanz, E.; Buddhist Backgrounds of the Burmese Revolution, The Hague, 1965

Sakisyanz, Manuel; On the Place of U Nu Buddhist Socialism in Burmas History of Ideas, Studies on Asia, Series I, Volume 2 (1961), S.53-61

Sayagyi U Ba Khin; Das ist Buddhismus, Bern, 1999

Sayagyi U Chit Tin; The Coming Buddha Ariya Metteyya, BPS, Sri Lanka, 1992

Sayagyi U Chit Tin; Das Wissen um Anicca und der Weg zu Nibbāna, Dhamma Bücher, IMC Österreich, Serie 2, 1999

Schalek, Alice; Im Buddhaland, Bilder aus Burma, Zeitschrift für Buddhismus, 1920, 2.Jg., Heft 3/4, S.108

Schober, Juliane; Colonial knowledge and Buddhist education in Burma, in: Harris, Ian; Buddhism, Power and Political Order, New York, 2007

Schober, Juliane; Buddhism, violence and the state in Burma (Myanmar) and Sri Lanka, in: Cady, Linell, E.; Religion and Conflict in South and Southeast Asia, New York, 2007

Schopenhauer, Arthur; Die Welt als Wille und Vorstellung, Zürich, 1977

Schmithausen, Lambert; The Early Buddhist Tradition and Ecological Ethics; Journal of Buddhist Ethics 4, (1997)

Schmithausen, Lambert; Aspects of the Buddhist Attitude to War, in: Houben, Jan, E. M., Van Kooij, Karel R.; Violence Denied: Violence, Nonviolence and the Rationalization of Violence in South Asian Cultural History, Leiden, 1999

Schuhmacher, E.F.; Die Rückkehr zum menschlichen Maß, Hamburg, 1980

Schumann, H. W.; Buddhismus und Buddhismusforschung in Deutschland, Wien, 1974

Schumann, H. W.; Der Buddha erklärt sein System, Verlag Beyerlein & Steinschulte, Stammbach, ohne Jahrgang

Schuhmacher, Wolfgang; Die Edikte des Kaisers Asoka, Dicken, 1991, in: www.palikanon.de

Seeger, Martin; Die thailändische Wat Pra Thammakai-Bewegung, Universität Hamburg, 2005

Seeger, Martin; The Bhikkhuni-Ordination Controversy in Thailand, Journal of the International Association of Buddhist Studies, 29, 2006

Seeger, Martin; Theravada Buddhism and Human Rights, Perspectives from Thai Buddhism, in: Meinert, Carmen; Zöllner, Hans-Bernd; Buddhist Approaches to Human Rights; Bielefeld, 2009

Seise, Claudia; Südostasiaten in Berlin, Institut für Asien- und Afrikawissenschaft, WS 2004/2005

Sen, Arita; Pāli Tipitika Chanting: Oral Tradition of Theravāda Buddhism, Field Research Work, New Dehli, 2008

Silva, P.; The Search for Buddhist Economics, BPS, Sri Lanka

Steinke, Ulrich; Karl Bernhard Seidenstücker, Leben, Schaffen, Wirken, Magisterarbeit, Universität Tübingen, 1989

Stoller, Andreas; Analyse von Macht und Herrschaft im Kontext der buddhistischen Religion, einschließlich einer kritischen Überprüfung der „buddhistischen Religionsthesen" von Max Weber, dargestellt am Beispiel des historischen Indien und Ceylon, Magisterarbeit Politikwissenschaft, Hagen, 2005

Sivaraksa, Sulak; Buddhismus, Globalisierung und soziale Veränderung, in: Engagierter Buddhismus, Gelbe Reihe, Heft 7, 2005/05

Sivaraksa, Sulak; Entwicklung im Dienst des Menschen, in: Engagierter Buddhismus, Nr.1, 2002

Sivaraksa, Sulak; Saat des Friedens, Braunschweig, 1995

Sivaraksa, Sulak; The Wisdom of Sustainability, Hawaii, 2009

Swaris, Nalin; Religion and Human Rights, Asian Human Rights Commission; Vol.9 Oct.1999, Buddhism and Brahmanism; www.hrsolidarity.net

Swaris, Nalin; Democratic impulses in Buddhism, CWN Network of Theological Enquiry, London: www.cwmnote.org

Swearer, Donald, K; The Buddhist World in Southeast Asia, New York, 1995

Swearer, Donald, K.; Centre and Periphery: Buddhism and Politics in Modern Thailand, in: Harris, Ian (Hrsg.); Buddhism and politics in twentieth-century Asia, New York, London, 1999

Thānissaro Bhikkhu; The Buddhist Monastic Code, The Pāṭimokkha Rules translated and explained, USA, 2007

The Debates Commentary, Kathāvatthuppakaraṇa-Aṭṭakathā, PTS, Oxford, 1999

The Light of the Dhamma; Rangoon, verschiedene Ausgaben ab 1952

The Path of Discrimination – Paṭisambhidāmagga, PTS, Oxford, 2009

The Minor Anthologies of the Pali Kanon; Buddha Vamsa, I. B. Horner, PTS, 1975, London

The Therāgatā, Psalms of the Early Buddhist, Rhys Davids, PTS London, 1951

The Elders Verses; I, K. R. Norman, PTS, London, 1969

The Mahāvaṃsa, PTS, Oxford, 2001

Titschack, Hans; Christentum – Buddhismus; ein Gegensatz, Wien, 1980

Toa, Liu; Die Beiträge der buddhistischen Institutionen zur sozialen Entwicklung in Sri Lanka, Universität Bielefeld, Soziologische Fakultät, ohne Jahrgang

The Teaching of The Buddha; Ministry of Religious Affairs; Yangon, Myanmar, 1997

Trimondi, Victor und Victoria; Hitler, Buddha, Krishna, Wien, 2002

U Chan Htoon; Buddhism and the age of science, BPC, Sri Lanka, 1962

U Chan Htoon; Speech of Thado Mahā Tray Sithu U Chan Htoon, Attorney General; in: The Light of the Dhamma, Vol.1, Nr.1, S.48, 1952

U Ko Lay; Guide to the Tipiṭaka, Burma Piṭaka Association, Yangon, 1986; in Deutsch erhältlich bei der DBU, München

Venerable Ashin Janakabhivumsa, Aphorisms, Yangon, 1992

Vijayavardhana, D. C.; The revolt in the temple, Colombo, 1953

Vitanage, Gunaseela; Buddhist Ideals of Government, in: The Light of the Dhamma, Vol IX, Nr.3, 1962

Vogd, Werner; Vipassanā: Annäherung an ein westliches Verstehen eines buddhistischen Erkenntnisweges. Ethnopsychologische Mitteilungen 6 (2) S.107-131, 1997

Weizsäcker von, Beatrice; Warum ich mich nicht für Politik interessiere..., Bergisch Gladbach, 2009

Warder, A. K; Introduction to Pali, PTS, London, 1984

Watts, Jonathan; Paṭicca-Samuppāda im Konsumismus, Buddhismus und Wirtschaft, Band 2, Hanau, ohne Jahrgang

Webu Sayādaw; Selected Discourses, Dhamma Text Series 3, IMC Heddington, 2003

Wegener, Franz; Heinrich Himmler, deutscher Spiritismus, französischer Okkultismus und der Reichsführer SS, Gladbeck, 2004

Weil, Alfred; Buddha-Sozialarbeiter oder spirituelles Genie?, in: Connection special. Nr.1/2004

Weil, Alfred; Buddhismus, Schritte in den Westen, Schritte im Westen, Verlag Beyerlein & Steinschulte, Stammbach, 2005

Weiner, Matthew; Mahā Ghosananda as a contemplative social activist, in: Queen, Christopher; Action Dharma, London, 2003

Wiesberger, Manfred; Buddhadāsa Bhikkhu, in: „Lotusblätter" 4/1993, DBU, München

White, S.H.T.; A Civil Servant in Burma, London, 1913

Whitmyer, Claude; Mindfulness and Meaningful Work, Explorations in Right Livelihood, Berkeley, 1994, Deutsch: Arbeit als Weg, Frankfurt, 1996

Queen, Christopher; Engaged Buddhism, Buddhist Liberation Movements in Asia, New York, 1996

Queen, Christopher; Engaged Buddhism in the West, Boston, 2000

Zöllner, Hans-Bernd; Weder Safran noch Revolution, Verlag Markus Voss, 2008

Zöllner, Hans-Bernd; Der Traum von einem buddhistischen Wohlfahrtsstaat, in Bey, Ulrike; Armut in Lande der goldenen Pagoden, Essen, 2005

Zöllner, Hans-Bernd; Buddhadāsa Bhikkhu (1906-1993), Frankfurt, 2006

Zotz, Volker; Auf den glückseligen Inseln, Buddhismus in der deutschen Kultur, Berlin, 2000